Consapevolezza incrollabile

Meditazione nel cuore del caos

Altri libri di Richard L. Haight

La meditazione del guerriero
The Unbound Soul
Inspirience: Meditation Unbound
The Psychedelic Path

Consapevolezza incrollabile

Richard L. Haight

Shinkaikan Body, Mind, Spirit LLC
www.richardlhaight.com

Copyright © 2021 by Richard L. Haight
Tutti i diritti riservati. Nessuna parte di questa pubblicazione può essere riprodotta, distribuita o trasmessa in qualsiasi forma o con qualsiasi mezzo, compresa la fotocopia, la registrazione o altri metodi elettronici o meccanici, senza la previa autorizzazione scritta dell'editore, eccetto nel caso di brevi citazioni contenute in recensioni critiche e altri usi specifici non commerciali consentiti dalla legge sul copyright.

ISBN 978-1-7349658-9-6

Dichiarazione di non responsabilità:
1. Alcuni nomi e dettagli identificativi sono stati modificati per proteggere la privacy delle persone.
2. Questo libro non intende sostituire il consiglio medico o psicologico di medici o psichiatri. Il lettore dovrebbe consultare regolarmente il medico per questioni relative alla sua salute fisica o mentale/emotiva e, in particolare, per quanto riguarda sintomi che potrebbero richiedere diagnosi o cure mediche.

Pubblicato da Shinkaikan Body, Mind, Spirit LLC
www.richardlhaight.com

Indice

Ringraziamenti vii

Prefazione ix

Introduzione 1

Come utilizzare questo libro 6

Parte I — Ristrutturazione corpo-mente 8

    Capitolo 1 — Neuroplasticità 10

    Capitolo 2 — Stimolazione del nervo vagale 17

    Capitolo 3 — Altri cambiamenti fisici 21

Parte II — Tonificazione vagale 25

    Capitolo 4 — Suoni primari 27

    Capitolo 5 — Dimensioni del suono 32

    Capitolo 6 — Terapia del suono 35

Parte III — Allenamento di base sotto pressione 38

    Capitolo 7 — Purificazione con l'acqua 40

    Capitolo 8 — Affrontare l'acqua 42

    Capitolo 9 — Allenarsi con problemi di salute 50

    Capitolo 10 — Misurare i progressi 55

Parte IV – Addestrare la mente   59
   Capitolo 11 – Affrontare il timore   61
   Capitolo 12 – Addestrare la mente   66
   Capitolo 13 – Addestrare il corpo   69
   Capitolo 14 – Il potere di un respiro   74

Parte V – Training di meditazione   78
   Capitolo 15 – Meditazione TEM di base   80
   Capitolo 16 – Consapevolezza sferica   89
   Capitolo 17 – Training fisico più intenso   95
   Capitolo 18 – Esercizi e giochi di consapevolezza   101

Parte VI – Consapevolezza vivente   110
   Capitolo 19 – Promemoria giornalieri   112
   Capitolo 20 – Il cuore del caos   117
   Capitolo 21 – Inclusione quotidiana   121
   Capitolo 22 – Trasformazione   127

Consultazione rapida   130

Anteprima della meditazione del guerriero   152

Altri libri di Richard L. Haight   154

A proposito dell'autore   155

Fonti   157

Contatto   158

Cartella di lavoro dettagliata   159

Corso quotidiano di meditazione con Richard L. Haight (al momento disponibile in inglese)   198

Ringraziamenti

Consapevolezza incrollabile è dedicata al mio istruttore di arti marziali, Shizen Osaki (17 giugno 1951-27 luglio 2020). È stato un grande mentore e un caro amico. Non potrò mai ringraziarlo abbastanza per tutto ciò che ha fatto per sostenere il mio percorso e il Metodo di inclusione totale. Se non fosse stato per lui, questo libro non avrebbe potuto essere scritto. Il suo spirito vive attraverso i suoi figli e i suoi numerosi studenti.

Vorrei ringraziare i miei studenti Barbara Becker, Linda LaTores e Toni Hollenbeck per i loro primi feedback sul manoscritto e per aver suggerito di allegare un libro di esercizi al testo principale. Hanno fornito la maggior parte delle domande che compongono la cartella di lavoro.

Vorrei anche ringraziare i miei studenti-mentori per aver affrontato positivamente le numerose sfide poste da questa formazione e per le numerose domande che sono servite a chiarire il contenuto di questo libro.

Alla mia copy-editor, Hester Lee Furey, estendo il mio più sincero apprezzamento per l'ottimo lavoro che fa e per il suo sostegno a questi insegnamenti.

Ringrazio il mio team di correttori di bozze, Barbara Becker, Linda LaTores, Toni Hollenbeck e Rhoann Ponseti, per la sua caccia all'ultimo errore!

Ringrazio il designer della copertina, Nathaniel Dasco, per lo straordinario design. Non smette mai di stupirmi.

Ringrazio mia moglie, Teruko Haight, per il suo eterno sostegno alle mie esplorazioni della consapevolezza.

Infine, offro gratitudine ai molti sostenitori che hanno contribuito finanziariamente alla pubblicazione di questo libro. Sappiate che, senza il vostro sostegno, non avrei potuto pubblicarlo.

Di seguito, elenco ogni sostenitore per nome:

John Roscoe
Linda LaTorcs
Leila Atbi
RhoannPonseti
Vinod Shakyaver
Ziad Masri
Toni Hollenbeck
Aleksandra Ivanov
Matthew Jones
Jean Jacques Rousseau.
Harvey Newman
Colleen Scott
Thomas Kennedy
Jason Wu
Brian Darby
Ana Cinto
Clive Johnston
Wanda Aasen
Ryan J Pitts
Barbara Becker
Mark Lyon

Vi ringrazio tutti dal profondo del cuore!

Premessa

Mentre scrivo queste parole, miliardi di persone sono in autoisolamento e non possono lasciare le proprie case; molte di loro non sono nemmeno in grado di lavorare. Milioni di persone si sono ammalate di coronavirus (COVID-19) e migliaia muoiono miseramente ogni giorno perché non ci sono sufficienti test, letti ospedalieri e ventilatori. Il mercato azionario è in crisi, avendo perso quasi la metà del suo valore in poche settimane, registrando quindi un calo di gran lunga peggiore di quello della Grande Depressione del 1929 (durante la quale il mercato impiegò tre anni per perdere metà del suo valore). Il prezzo del greggio è sceso nella fascia dei $20 al barile, spingendo i produttori di petrolio a chiedere un bailout perché la maggior parte di loro non può sopravvivere a prezzi così bassi. Nessuno sa se torneremo, o meno, alla normalità, perché viviamo in un'epoca di caos.

Per anni i *prepper*, o survivalisti, si sono preparati per un crollo totale del sistema moderno. Solo pochi mesi fa, quasi nessuno li prendeva sul serio; ora la gente normale sta facendo scorte di acqua, cibo, munizioni e carta igienica. Anche negli Stati Uniti, nelle aree dove la maggior parte dei cittadini si riconosce come liberale, come New York e la California, le vendite di munizioni stanno superando la capacità dei negozi di rifornire i propri scaffali.

Molti di noi hanno paura. Non siamo mai stati in una situazione come quella in cui ci troviamo adesso. Ma il fatto è che siamo qui e non sappiamo cosa succederà dopo, che ci vogliamo credere o no. Il tempo, un bene un tempo raro, è diventato abbondante per la maggior parte di noi, mentre ce ne restiamo a casa in isolamento sociale. Una volta ammessa la nostra condizione, con il tempo che abbiamo possiamo iniziare a intraprendere un'azione positiva per ottenere salute, forza interiore e consapevolezza migliori.

Non solo abbiamo tempo in abbondanza, in agguato c'è anche il timore che il nostro sistema possa non riprendersi più, che la vita come l'abbiamo conosciuta sia finita. Non siamo sicuri di come sarà il nostro futuro.

Una pia illusione ci dice che tutto tornerà alla normalità in pochi mesi. Capisco quanto possa essere seducente questo pensiero, ma potrebbe non essere così utile come sembra a prima vista, poiché può cullarci in una falsa sicurezza nell'inattività e mantenerci in schemi vecchi e inutili. Invece, possiamo usare questi momenti per notare che, a nostro stesso giudizio, abbiamo vissuto in modi malsani, poco stimolanti, privi di significato, che non sostengono il nostro benessere a lungo termine.

Anche se è bello sperare per il meglio, è saggio prepararsi al peggio. Forse non abbiamo i soldi per acquistare una pistola, cibo a quintali, comprare un rifugio antiatomico o qualunque altra cosa stiano facendo ora così tante persone. Ma abbiamo un altro modo per prepararci. Possiamo investire nell'unica cosa che la maggior parte delle persone, compresi i survivalisti, tende a trascurare: la salute della nostra mente, del nostro corpo e del nostro spirito. Naturalmente, se riesci ad assicurarti un riparo, dell'acqua e del cibo, potresti davvero prendere in considerazione l'idea di investire nella tua salute.

La verità è che, anche avendo a disposizione un riparo, acqua e cibo, se non hai condizionato il tuo corpo, la tua mente e il tuo spirito a essere estremamente forti e flessibili sotto pressione, allora non svolgerai i tuoi compiti né vivrai così bene come altrimenti potresti fare. Considera una persona che si è persa nella foresta: la maggior parte delle persone che muoiono in tali circostanze soccombono perché si sono fatti prendere dal panico e hanno iniziato a camminare prima di calmarsi. Possono camminare per ore, magari seguendo le tracce di qualcuno, ma alla fine finiscono per sentirsi stremati. Spesso muoiono soli e pieni di paura. La parte triste è che spesso le tracce che seguono sono le loro, mentre percorrono più e più volte ampi cerchi nella natura inospitale, senza rendersi conto di aver camminato per chilometri in cerchio, nella direzione del loro braccio dominante.

Se non fossero stati così sopraffatti fisicamente e psicologicamente, avrebbero forse notato più caratteristiche dell'ambiente, facendo scelte più sagge che avrebbero potuto salvare loro la vita. Poiché nel mondo moderno siamo così isolati, spesso non riusciamo a renderci conto che la condizione di corpo, mente e spirito è centrale in tutto ciò che abbiamo mai vissuto e che vivremo. Non solo la salute di questo terzetto determina la qualità di base delle nostre vite, ma determina anche il livello fino al quale siamo capaci di affrontare la pressione, fluendo con essa prima di esserne sopraffatti.

Questo libro ha lo scopo di aiutarti a sintonizzare mente, corpo e spirito grazie agli antichi metodi di addestramento dei samurai e ad altre tradizioni del lontano passato. Attraverso la pratica di questi metodi collaudati, non solo probabilmente migliorerà la tua salute fisica, ma miglioreranno anche la chiarezza mentale e la stabilità emotiva.

Attraverso la pratica dedicata dei metodi che ti mostrerò qui, scoprirai di essere in grado di attingere, sotto pressione, a risorse di calma chiarezza e capacità che non credevi ti fossero disponibili. Sentirai che la tua vita inizierà a essere più interconnessa con le persone e l'ambiente intorno a te, il che ti fornirà una maggiore motivazione. La qualità della tua vita quotidiana migliorerà.

Questo libro non vuole essere una guida alla sopravvivenza, ma molti dei principi al suo interno possono contribuire a salvare vite in tempi di difficoltà, perché servirà a istruirti su alcuni principi fondamentali di sopravvivenza e a preparare corpo, mente e spirito a condizioni difficili.

Attraverso queste pratiche, la tua forma fisica e la tua consapevolezza miglioreranno a tutti i livelli. La tendenza a provare ansia, panico, depressione e sensazioni di rifiuto e di insignificanza si ridurrà drasticamente e ti sentirai molto più sicuro e potente come essere umano, più in grado di accettare le sfide che probabilmente dovremo affrontare in un mondo che cambia.

Consapevolezza incrollabile

Introduzione

I metodi insegnati in questo libro nascono da antiche pratiche che ora sono spesso associate a rituali religiosi. Nella ritualizzazione di queste pratiche, tuttavia, il più delle volte si perde qualcosa di vitale: la praticità.

Per capire le vere applicazioni di queste antiche pratiche, ho rimosso gli elementi rituali, in modo che tu possa concentrarti sui principi essenziali. Per aiutarti a rimanere focalizzato sulla formazione, ho incluso anche un potente strumento di valutazione dei progressi, che fornirà un utile feedback sul tuo tasso di miglioramento. Le pratiche e il sistema di feedback sono facilmente accessibili — direttamente da casa - da persone di qualsiasi background o livello di esperienza meditativa.

Ma perché dovresti fidarti di me? Cosa mi qualifica a scrivere questo libro? Ho dedicato la mia vita all'addestramento dei samurai, alla meditazione e alle arti terapeutiche giapponesi, con lo scopo specifico di unificare corpo, mente e spirito. Nel corso della mia ricerca, ho trascorso quindici anni in Giappone studiando con alcuni degli insegnanti più avanzati del paese, ricevendo infine la licenza di master in quattro arti samurai e in un'arte terapeutica chiamata sotai-ho. Sulla base dei principi delle antiche pratiche che ho studiato, ho formulato un nuovo metodo di formazione alla consapevolezza, che chiamo "Metodo di inclusione totale" (*Total Embodiment Method*, TEM). È un metodo ispirato al maestro samurai, assolutamente calmo e consapevole anche nel caos del combattimento sul campo di battaglia.

Basandomi sul programma TEM, ho scritto *La Meditazione del guerriero*, che è diventato un libro di meditazione tra i più venduti. La

Meditazione del guerriero è stata salutata come un approccio rivoluzionario, perché consente di meditare durante tutte le attività della vita quotidiana, non solo in condizioni protette di sedentarietà.

La conclusione è che il Metodo di inclusione totale ha lo scopo di aiutarti a resistere alle pressioni delle situazioni di vita o di morte, nonché agli stress e alle pressioni della vita quotidiana. Inoltre, le pratiche insegnate ti aiuteranno anche a essere calmo e sicuro durante i lunghi periodi di isolamento come quelli che molti di noi stanno vivendo in questi tempi.

Attraverso l'allenamento TEM, la tua forma fisica, mentale ed emotiva di base migliorerà, consentendoti di affrontare tutti gli aspetti della vita in modo molto più efficace di quanto altrimenti potresti fare. Altrettanto importante, questi metodi ti aiuteranno anche a sentirti più a tuo agio con le cose che non hai il potere di cambiare.

Ogni strumento che utilizzeremo, compreso il sistema di valutazione dei progressi, servirà a migliorare la tua salute fisica, mentale ed emotiva. Man mano che ci avvicineremo a ciascuna di queste antiche pratiche durante la meditazione, useremo alcuni elementi della Meditazione del guerriero, lo strumento fondamentale del Metodo di inclusione totale, per aiutarti a ottenere il massimo dalle tue esperienze. Non preoccuparti: la meditazione del guerriero è molto piacevole; quindi la noia probabilmente non sarà un problema. Anche i bambini tendono a trovarla facile e divertente.

Se hai già praticato la Meditazione del guerriero, sappi che qui ne troverai una nuova versione, che amplierà la comprensione e le capacità meditative di cui attualmente disponi.

Psychology Today ascrive alla meditazione molti benefici scientificamente verificati, benefici che probabilmente otterrai anche dagli esercizi presenti in questo libro:

- Migliore funzione immunitaria, con conseguente diminuzione dell'infiammazione e del dolore cellulari
- Aumento delle emozioni positive attraverso la riduzione di ansia, depressione e stress
- Migliore capacità di introspezione, grazie a una prospettiva di vita più olistica e radicata
- Migliore vita sociale, grazie a un aumento dell'intelligenza emotiva e della compassione, con una riduzione dei sentimenti di insicurezza

- Aumento della materia cerebrale in aree correlate ad attenzione, emozioni positive, regolazione emotiva e autocontrollo
- Riduzione della reattività emotiva
- Memoria, creatività e pensiero astratto migliorati

Per ottenere questi incredibili benefici è necessaria un po' di pratica. Alcuni diventano evidenti rapidamente; altri richiedono tempo per manifestarsi. Per aiutarti a mantenere la rotta, in questo libro troverai uno strumento di valutazione dei progressi che ti aiuterà a osservarti e a riflettere sul tuo sviluppo, mentre fai pratica. Se utilizzi già un'altra forma di meditazione, i principi qui mostrati si fonderanno bene con ciò che stai già facendo.

Se pratichi alcuni degli esercizi associati alla religione, le versioni essenziali che si trovano in questo libro sono concepite per far luce sulle origini e sulla mentalità di coloro che originariamente praticavano gli esercizi, il che dovrebbe anche aiutarti a ottenere il massimo dalla tua pratica religiosa.

Non solo praticherai la consapevolezza meditativa, ma farai in modo di sentirti progressivamente e intenzionalmente a disagio durante la pratica, in modo che la tua consapevolezza non venga meno quando tu e i tuoi cari siete sotto stress, provate dolore o vi trovate in situazioni di emergenza.

Se alcuni degli esercizi potrebbero a prima vista sembrarti estremi, sappi che costituiscono una parte normale e naturale della vita quotidiana dei cacciatori-raccoglitori di tutto il mondo. Inoltre, in alcune parti del mondo, sono ancora comuni le forme religiose o ritualizzate di questi metodi.

Prendi atto che il nostro corpo si è evoluto grazie a queste pratiche, che, se eseguite in modo ragionevole, aiutano il nostro corpo a essere estremamente consapevole e sano. Ammettere i benefici naturali degli esercizi qui insegnati ci aiuterà ad avere il giusto atteggiamento nei loro confronti, in modo da non iniziare ad alimentare narrazioni oppositive che potrebbero impedirci di ottenere il massimo beneficio.

Rafforzando corpo, mente e sistema immunitario, sviluppiamo quel rapporto di fiducia con il nostro corpo che solo il vivere sfide reali può consentire. Proprio come diventiamo più forti attraverso gli stress indotti artificialmente dal sollevamento pesi, così traiamo benefici affrontando il deliberato disagio di questi esercizi.

Non fraintendermi: il comfort ha il suo tempo e il suo luogo, ma troppo comfort ci rende deboli a tutti i livelli. Proprio come, ad esempio, abbiamo bisogno di una quantità adeguata di comfort per dormire e digerire bene, così anche corpo, mente e spirito hanno bisogno di una quantità ottimale di disagio, per essere in forma.

Gli esercizi sono semplici e sicuri, se praticati in modo ragionevole. Fornisco anche metodi che ti aiuteranno ad avvicinarti alle pratiche attraverso un processo graduale; quindi non le vivrai come pesanti o scoraggianti. Le pratiche sono facili, e potrai eseguirle direttamente a casa tua. Inoltre, sono progettate per integrarsi con la tua vita quotidiana.

Sappiamo tutti come ci sia facile inventare scuse per non fare le cose sane che dovremmo fare. So che la mia mente, se glielo consentirò, cercherà di evitare l'allenamento, inventando razionalizzazioni o semplicemente dimenticandosene. Per annullare questa possibilità, ho progettato tutte le pratiche come lievi modifiche alle cose che le persone normali devono fare ogni giorno. Poiché è comunque necessario eseguire questi compiti, diventa difficile non includere l'allenamento senza sapere, nel profondo, che ti stai tirando indietro.

Inizialmente, è del tutto naturale che si desideri evitare esercizi impegnativi; ma, man mano che li pratichi sempre di più, i vantaggi immediati e a lungo termine diventano abbastanza chiari. A breve termine, noterai sicuramente la sensazione di benessere che ti pervaderà dopo aver completato un esercizio. Da lì, potrai scoprire di avere più energia, pensare in modo più chiaro, essere più calmo e fare molto di più durante la giornata rispetto a quando salterai queste pratiche.

I vantaggi ti faranno andare avanti nonostante qualsiasi disagio momentaneo e, così facendo, ti renderai conto di essere in grado di affrontare le difficoltà e di superarle, il che libererà la tua mente e ti darà grande potere nella vita quotidiana.

Attraverso queste pratiche TEM stabilirai una relazione corpo/mente sana e fiduciosa. Una volta acquisita una sufficiente fiducia interiore, vedrai che il corpo diventerà tuo alleato e non opporrà più resistenza ai tuoi obiettivi sensati ma, a volte, impegnativi.

Grazie a queste pratiche, ti sentirai molto più consapevole, positivo e fiducioso durante la tua vita quotidiana: risultati incredibilmente importanti. Ma dovrei menzionare alcuni effetti collaterali inaspettati: potresti vivere momenti di perfetta e beata chiarezza o avere intuizioni e soluzioni spontanee a problemi che prima sembravano irrisolvibili; potresti anche scoprire che il vecchio bagaglio mentale/emotivo irrisolto e i traumi iniziano a svanire; sicuramente, ti sentirai molto più presente durante la vita quotidiana, forse diventando consapevole della pulsazione del sangue in tutto il tuo corpo.

Diventerai anche più consapevole del tuo ambiente. Ad esempio, alcune persone riferiscono di poter sentire quando qualcuno le fissa da dietro o quando si avvicinano a un pericolo invisibile.

Man mano che il tuo sistema nervoso e la tua mente si tonificano a sufficienza, probabilmente raggiungerai livelli elevati di intimità e piacere sessuale e potresti vivere periodi di profonda sincronicità, come se stessi vivendo "nella zona" (nel qui e ora, NdT).

Come risultato di queste pratiche, alcuni individui entrano in stati visionari. E molte persone riferiscono di aver provato una sensazione di unità trascendente con tutta la vita, il che probabilmente spiega perché variazioni di queste pratiche siano state incorporate in così tante religioni di tutto il mondo.

Quando inizi a praticare, potresti ritrovarti a maledire il mio nome, ma sono certo che, una volta che inizierai a vederne i benefici, non avrai altro da dire che cose positive. In entrambi i casi, continua ad andare avanti!

Infine, per le persone che hanno determinate condizioni di salute, fornisco pratiche alternative che consentono di procedere verso una maggiore salute a passi più piccoli. Sarebbe opportuno che, prima di iniziare questo metodo di allenamento, gli individui con gravi problemi cardiaci consultassero il proprio medico

Cominciamo la nostra pratica!

Come utilizzare questo libro

Questo libro è concepito come un manuale di formazione; ciò significa che la comprensione che avrai dei metodi e degli atteggiamenti mentali qui illustrati sarà migliore mettendo in atto le pratiche, che non leggendole e basta. In assenza della formazione quotidiana che questo libro promuove, sospetto che il libro non soddisferà il lettore, perché l'ispirazione e il valore trasformativo non vengono dalla lettura quanto dalla pratica.

Una strategia consiste nel leggere tutto il libro, per avere una panoramica del metodo di allenamento, e poi leggerlo durante la pratica. L'altra strategia è leggere e fare pratica mentre procedi. In entrambi i casi, documentare i tuoi progressi nella cartella di lavoro aiuterà notevolmente la tua formazione. Compilare la cartella di lavoro mentre procedi non solo ti aiuterà a capire meglio i punti chiave di questo metodo di allenamento, ma anche a percepire più chiaramente le forze invisibili che potrebbero aver bloccato la tua consapevolezza. Puoi trovare la Guida passo per passo alla fine del libro. Se preferisci scaricarla e stamparla, puoi farlo al seguente URL:
https://richardlhaight.com/uaworkbook/

Con l'applicazione quotidiana, inizierai presto a notare cambiamenti profondamente benefici in merito a energia, atteggiamento, pensiero, sensazione, impegno e capacità di perseguire i tuoi obiettivi ogni giorno. Non sorprenderti se la tua salute generale inizierà a cambiare in meglio. Ancora più importante, la tua consapevolezza si espanderà notevolmente.

Infine, ricorda che i metodi di allenamento qui esposti sono pensati per essere seguiti in base al proprio passo. Non ha senso effettuare l'allenamento il più rapidamente possibile. Procedi invece a un ritmo che sia impegnativo ma non affannoso. Detto questo, la perseveranza è la chiave per ogni trasformazione nella vita; quindi, assicurati di essere presente ogni giorno a te stesso e all'allenamento, senza eccezioni.

Con te nell'allenamento,
Richard L. Haight

P.S. Insieme a questo libro, ti offro una prova di 30 giorni del mio servizio quotidiano di meditazione guidata online; ciò significa che ti guiderò personalmente, ogni giorno, attraverso i passaggi della Meditazione del guerriero. Troverai il link alla fine del libro. Migliaia di persone la fanno ogni giorno!

Parte 1

Ristrutturazione mente-corpo

L'allenamento TEM è progettato per influenzare i nostri corpi e le nostre menti in modi altamente integrati che, con la pratica, ti consentiranno di includere completamente la consapevolezza o la meditazione nella tua vita quotidiana. Le persone tendono a pensare alla meditazione e alla consapevolezza come a un esercizio puramente mentale. Finché manterremo questa visione della meditazione, i benefici che potremmo ottenere dalla pratica saranno notevolmente limitati.

La verità è che la maggior parte di noi ha delle routine fisiche, mentali ed emotive profondamente incorporate, che sono molto più profonde del semplice pensiero. Per affrontare questi problemi più profondi è necessario allenare il corpo e la mente con un certo livello di comportamento disciplinato e di studio personale.

Attraverso la formazione TEM, affronteremo tutte e tre le aree di blocco: fisico, mentale ed emotivo. Per affrontare queste aree con successo, ti sarà utile capire quali sistemi del corpo cambieranno durante l'allenamento e come questi cambiamenti influenzeranno il corpo, la mente e le emozioni.

Lo studio della ristrutturazione mente-corpo sarà fondamentale per mantenerti in carreggiata, perché riconoscerai rapidamente i segnali, a volte illogici, di progresso. Se riuscirai a vedere i segnali mentre si presenteranno, ti sentirai incoraggiato a continuare con l'allenamento, anche se sarai a disagio. Tutti i progressi duraturi richiederanno una pratica costante. Sapere come la mente e il corpo si ristrutturano attraverso questo allenamento si rivelerà fondamentale.

Nella Parte I, imparerai come il tuo cervello struttura i percorsi, nel suo processo di apprendimento e adattamento al momento, e come puoi ristrutturare intenzionalmente quei percorsi neurali, per ottimizzare la consapevolezza nella vita quotidiana. Imparerai anche a riconoscere i cambiamenti corporei che si verificano a livello del sistema nervoso, cellulare e vascolare mentre procedi nel regime di allenamento. Questi cambiamenti ti forniranno più energia e resilienza sotto pressione, così potrai rimanere consapevole anche quando ti sentirai a disagio.

Capitolo 1

Plasticità cerebrale

La maggior parte delle persone presume inconsciamente che il modo in cui pensano e si sentono adesso sia il modo in cui penseranno e si sentiranno sempre, che le eventuali abitudini e dipendenze che ci affliggono saranno con noi per il resto della nostra vita. Man mano che le persone invecchiano, tendono a rinunciare alla capacità di apprendere e cambiare, un atteggiamento che è riassunto dall'idea di essere "fossilizzate nei loro schemi".

In realtà, nessuno è davvero fossilizzato, ma questo atteggiamento può creare l'illusione di essere bloccato. Fino a tempi molto recenti, la comunità scientifica tendeva a presumere che il cervello non cambiasse molto, una volta che un individuo raggiungeva la maturità. Nel corso degli anni, tuttavia, un certo numero di persone con danni cerebrali si è ripreso in modi che sarebbero incomprensibili, se il cervello non fosse stato in grado di adattarsi. La ricerca su tali individui ha rivelato che il cervello si ricostruisce costantemente, smantellando le vie neuropatiche inutilizzate e costruendone di nuove, per aiutare la persona ad adattarsi a un ambiente che muta nel corso di tutta la sua vita.

Con l'innegabile osservazione che il cervello è in continua evoluzione, l'atteggiamento del "fossilizzato", in qualche modo, non ha più molto senso.

Sì, molte persone sembrano davvero fossilizzate, il che significa, in realtà, bloccate nelle abitudini, ma parte del motivo per cui sono bloccate è il falso presupposto che esserlo sia naturale o inevitabile, perché il cervello non può cambiare. Se credi di essere bloccato e che non ci sia niente che si possa fare al riguardo, e poi non fai lo sforzo necessario per liberarti dall'abitudine, la tua convinzione si autoavvera. Ma è pur sempre sbagliata.

Per aiutarti a vedere oltre i limiti dell'essere "abitudinari", diamo un'occhiata alla rete neurale, nota come "cervello", per comprendere meglio la sua incredibile flessibilità, nota come neuroplasticità, e come possiamo iniziare ad hackerare questo processo biologico, per migliorare la qualità della nostra vita.

I ricercatori della Stanford University School of Medicine, utilizzando un sistema di imaging all'avanguardia per eseguire la scansione del tessuto cerebrale, hanno rivelato che il cervello umano medio contiene circa 200 miliardi di cellule nervose, chiamate "neuroni". I neuroni si collegano ad altri neuroni tramite punti di connessione chiamati "sinapsi"; questi punti trasmettono impulsi elettrici da un neurone all'altro.

Potremmo immaginare che un singolo neurone si connetta a uno o pochi altri neuroni, proprio come il cablaggio in un circuito stampato, ma la realtà è molto più incredibile: a quanto pare, ogni singolo neurone può avere decine di migliaia di contatti sinaptici con altri neuroni.

Considerando l'incredibile interconnettività dei neuroni, potremmo presumere che ogni neurone sia molto grande, ma ci sbaglieremmo. Anche con tutta la vasta interconnettività dei neuroni, individualmente misurano meno di un millesimo di millimetro di diametro.

Se ti è mai capitato di girare su sé stesso un pezzo di legno o una corteccia, in una foresta, avrai forse notato un complesso tessuto bianco che cresce nei punti che, in precedenza, collegavano legno e suolo. Quel materiale bianco è chiamato "micelio" ed è l'apparato radicale dei funghi. Sorprendentemente, la matrice neurologica del nostro cervello funziona in modo simile al micelio fungino, che trasmette segnali attraverso componenti, come la sinapsi, che sono sorprendentemente piccoli. La matrice è così complessa e strettamente unita che è molto difficile concettualizzare la complessità del "circuito" che costituisce i nostri sistemi di sentimenti, pensieri e motivazioni.

Sorprendentemente, un singolo neurone, anche con le sue misurazioni incredibilmente minuscole nello spazio fisico, contiene fenomenali capacità di elaborazione e archiviazione della memoria. Stephen Smith, PhD, è un professore di fisiologia molecolare e cellulare che, insieme a Kristina Micheva, PhD, ha inventato la tomografia Array, un metodo di imaging che ci permette di vedere la reale complessità del cervello. Secondo Smith, "Una sinapsi, di per sé, è più simile a un microprocessore, con elementi di memorizzazione ed elaborazione delle informazioni, che non a un semplice interruttore acceso/spento. In effetti, una sinapsi può contenere un ordine di 1.000 interruttori su scala molecolare. Ora, immagina che il tuo cervello abbia 200 miliardi di mini processori di questo tipo che lavorano insieme" ("Stunning Details of Brain Connections Revealed").

Guardando più da vicino la memoria contenuta nei neuroni, scopriamo che ogni neurone è influenzato da tutti i neuroni collegati e dalle loro associazioni mnemoniche. Ogni neurone si connette potenzialmente a decine di migliaia di associazioni, il che significa che il cervello contiene un oceano di memoria, la maggior parte della quale è inconscia.

L'aspetto davvero affascinante di questa enorme scheda di memoria è che, quando il cervello cambia, i ricordi e le associazioni cambiano con esso. All'inizio questo concetto può sembrare estremamente illogico, finché non capisci che, ogni volta che accedi a un ricordo, lo stai cambiando. Si è scoperto che, quando accedi alla memoria, aspetti delle tue circostanze attuali vengono scritti nella memoria, influenzandola in modi inconsci. A causa del modo in cui la memoria viene riscritta, molti adulti hanno falsi ricordi della loro infanzia, basati su storie che sono state raccontate dai membri della famiglia. Una persona può ricordare di aver avuto un'esperienza che in realtà non ha mai avuto, solo perché ha sentito la storia quando era piccolo. La falsa memoria, per quanto vivida possa sembrare, è il prodotto dell'immaginazione.

Data la natura in continua evoluzione del cervello e della memoria, possiamo iniziare a capire come sia possibile che il nostro stesso senso di sé cambi in modi potenzianti oppure depotenzianti. Poiché il senso del sé della maggior parte delle persone è guidato dalla memoria, mentre il cervello cambia, cosa che fa in ogni momento, la memoria cambia sottilmente, così come il senso del sé. Anche se non siamo consapevoli del cambiamento, sta accadendo.

Una volta che riconosciamo che il cervello cambia costantemente, non abbiamo più bisogno di essere imprigionati dalla convinzione di essere "settati" in un certo modo, a meno che non vogliamo continuare a rimanere bloccati. Per arricchire le nostre vite, saremmo saggi a sfruttare consapevolmente la capacità del cervello di rimodellarsi costantemente attraverso il meccanismo noto come neuroplasticità.

Ora sappiamo che qualunque cosa a cui prestiamo attenzione o che pratichiamo durante le nostre ore di veglia viene rinforzata nel cervello quando dormiamo. Durante il sonno, le risorse vengono rimosse dai percorsi inutilizzati e assegnate ai percorsi stimolati durante il giorno. Comprendendo come cambia il cervello, possiamo iniziare a stimolare consapevolmente ciò che desideriamo rinforzare nel cervello.

Se non pratichi la consapevolezza in modo produttivo ogni giorno e se non dormi a sufficienza, il tuo processo di arricchimento della vita sarà rallentato. Supponendo che ti eserciti e dormi abbastanza bene, farai notevoli progressi. Anche pochi minuti di pratica di meditazione cosciente ogni giorno aiutano. Dalla mia esperienza personale e dal feedback degli studenti, è chiaro che i cambiamenti benefici sono accessibili anche con il sonno disturbato, solo che si svolgono a un ritmo più lento.

Il livello di impegno che raggiungi nella tua pratica meditativa determina il grado di risposta del cervello. Se prendi sul serio la tua formazione e ne fai una priorità nella tua vita, probabilmente otterrai notevoli benefici anche a breve termine. Detto questo, la vera trasformazione avviene nel lungo termine.

La realtà che dobbiamo affrontare è che il cervello è abituato a reagire agli stimoli in certi modi disarmonici, modi che sono contrari alla consapevolezza, modi che creano un effetto di autoassorbimento. Rendendoci conto che abbiamo abitudini emotive e prospettiche controproducenti, possiamo iniziare a fare cambiamenti tramite il principio della neuroplasticità. L'unica questione è se sceglierai di sfruttare l'opportunità di riscrivere il tuo cervello ogni giorno.

Se sei anziano, potresti temere di avere meno potenziale per trarre beneficio dalla neuroplasticità rispetto ai bambini, ma non lasciare che questa preoccupazione ti impedisca di intraprendere azioni positive. La ricerca sta dimostrando che, con uno stile di vita sano e la costanza nel tempo, anche gli anziani possono promuovere un cambiamento cerebrale produttivo. Continua ad andare avanti ogni giorno verso una maggiore consapevolezza, e starai molto meglio di quanto staresti se agissi con noncuranza.

Una delle principali barriere che potresti incontrare, sfidando i modelli cerebrali esistenti con nuove prospettive e pratiche, è che potrebbero sorgere sentimenti di disagio. Sentirsi a disagio è spiacevole, certo; quindi è comprensibile che potremmo voler evitare quest'esperienza. Evitare il disagio, tuttavia, spesso ci allontana dal progresso, poiché il disagio è una parte necessaria dell'apprendimento.

Per avere un'idea di cosa intendo, considera la tua capacità di scrivere, o lanciare una palla, con il braccio dominante e immagina di svolgere le stesse attività con l'altro braccio. La maggior parte di noi è così abituata a lanciare una palla o a scrivere con lo stesso braccio che non usiamo mai quello non dominante per tali attività, con la conseguenza di un'assoluta inettitudine, qualora venga utilizzato l'arto secondario, e, talvolta, di uno squilibrio muscolare osservabile tra i due lati del corpo. Siamo diventati dipendenti dalla sensazione di fiducia che avvertiamo quando usiamo il braccio principale.

In realtà, non è solo il tuo braccio secondario a essere sottosviluppato e disfunzionale, ma anche i percorsi neurali del cervello che riguardano la funzionalità di quel braccio. Il tuo cervello non ha familiarità con la scrittura o il lancio di una palla usando il braccio secondario, perché manca la stimolazione che gli consentirebbe di familiarizzare con una serie di percorsi neurali legati a quelle attività.

Proprio come lanciare una palla o scrivere con la mano non dominante può essere scomodo, molti altri importanti percorsi neurali riguardanti la consapevolezza e la relazione corpo-mente potrebbero non essere pienamente sviluppati. Attraverso la formazione offerta in questo libro, affronteremo quelle aree scomode, in modo che possano emergere consapevolezza ed equilibrio nuovi e una relazione corpo-mente più sana e connessa.

Il famoso maestro giapponese di arti marziali, Takeda Sokaku, preside della Grande Scuola d'Oriente dell'Aikijujutsu, il Daito-ryu Aikijujutsu (la forma di jujutsu che studio e insegno), era in grado di usare la spada altrettanto bene con entrambe le mani, cosa che si è allenato a fare. Tradizionalmente, si deve estrarre e tenere la spada con la giusta mano dominante. Takeda Sensei riteneva che avere un'abilità squilibrata fosse una debolezza; quindi fece uno sforzo extra per bilanciare il suo allenamento. Aveva un netto vantaggio su chiunque fosse addestrato a dipendere dalla mano destra.

Come risultato di questo addestramento, la sua abilità con la spada divenne estremamente flessibile, così come la sua mente e la sua consapevolezza. Poteva anche usare la spada corta così come la spada lunga, e due spade come una sola spada. Molti dei suoi studenti potrebbero raccontare come si allenasse a fare tutto con la mano non dominante, cercando di eguagliare le abilità della mano primaria. Nel tuo allenamento sarebbe saggio adottare un approccio simile, sfidando quindi costantemente le tue debolezze in modi creativi.

Sebbene Takeda Sensei non fosse certamente a conoscenza della neuroplasticità, sviluppò abilità incredibili e divenne noto come uno dei più grandi artisti marziali giapponesi. Dopo aver sentito parlare dei suoi metodi di allenamento, ho iniziato a usare più spesso la mano non dominante, per compiti che avevo precedentemente eseguito solo con la mano destra. Ad esempio, ho iniziato a mangiare usando le bacchette con la mano sinistra invece che con la destra. Ci sono volute alcune settimane per allenare il mio cervello a usare le bacchette con la mano sinistra, ma in breve tempo i giapponesi si sono complimentati per come le usavo bene. Sono rimasti scioccati quando ho detto loro che non ero mancino: hanno ammesso che, di solito, non riuscivano a usare le bacchette con la mano secondaria. Per divertimento, afferravo un altro paio di bacchette con la mano destra e mangiavo con entrambe le mani come un granchio.

Per avere un'idea di come il tuo schema cerebrale consente la tua funzionalità corporea, prova il seguente esercizio:

Prendi una penna e scrivi il tuo nome con la mano primaria e nota quanto sia facile e naturale. Quindi, sposta la penna nell'altra mano e prova a scrivere il tuo nome. Osserva quanto ti senti a disagio. Nota anche quanto devi concentrarti intensamente rispetto a quando utilizzi la mano primaria. Lo sforzo che avverti non è tanto localizzato nei muscoli del tuo braccio ma all'interno del tuo cervello, poiché questo cerca di creare connessioni neurologiche, per consentire il movimento. Una volta che queste connessioni saranno sufficientemente sviluppate, scrivere con la mano non dominante non ti causerà più alcun disagio.

La scrittura è una sfida relativamente difficile da superare per la nostra mano non dominante; quindi funziona come modo ovvio per dimostrare l'attuale limitazione del cervello e come esso si sente mentre collega nuovi percorsi neurali. Mentre eseguiamo gli esercizi di questo libro, tieni presente che, quando il tuo cervello sta costruendo percorsi neurali, si sente scomodo e a disagio. Ciò significa che, non appena un esercizio sembra facile e agevole, per continuare a migliorare è necessario renderlo un po' più impegnativo, in modo da stimolare un ulteriore sviluppo neurologico.

Quando ci avviciniamo all'allenamento in questo modo neurologicamente consapevole, emergono potenti benefici. Il primo è che il nostro allenamento sarà meno guidato dall'ego, perché sapremo senza dubbio che lavorare solo su ciò che ci fa sembrare bravi o ci fa sentire a nostro agio non ci impegna a sufficienza. Man mano che svilupperemo abilità e le perfezioneremo attraverso le sensazioni scomode e imbarazzanti che derivano dall'imparare a fare qualsiasi cosa sia impegnativa, il cervello imparerà anche che vale la pena fare lo sforzo e sopportare il disagio necessari per migliorare.

Ancora più importante, il cervello imparerà che, per migliorare, può affrontare le difficoltà e attraversarle, il che cambia l'intera visione della vita. Qualunque cosa la vita ti porti diventa il tuo strumento di affinamento su così tanti livelli: fisico, mentale, emotivo e spirituale. Ogni momento è un'opportunità!

Capitolo 2

Stimolazione del nervo vagale

Ora che abbiamo una comprensione di come cambia il cervello e di come possiamo guidare consapevolmente quei cambiamenti per l'automiglioramento, è tempo di avere un'idea di come il sistema nervoso e il corpo cambieranno, come risultato degli esercizi di allenamento TEM che illustreremo nei prossimi capitoli.

Il primo cambiamento, il più evidente, avverrà attraverso la stimolazione del nervo vagale, che è uno dei dodici nervi cranici. Il nervo vago regola una vasta gamma di funzioni vitali, trasmettendo impulsi motori e sensoriali agli organi. Il nervo vagale collega il tronco cerebrale agli organi viscerali, attraverso i quali controlla il sistema nervoso parasimpatico e aiuta a contrastare le risposte surrenali di lotta-fuga-blocco del sistema nervoso simpatico, come stress, ansia, depressione e panico.

Queste risposte del sistema simpatico causano gran parte del dolore mentale, emotivo e fisico che molti di noi sperimentano ogni giorno. Oltre a preparare la mente e le emozioni per l'iperreattività e l'infiammazione corporea, le risposte di lotta-fuga-blocco causano anche molti degli errori che tendiamo a fare quando siamo sotto pressione.

Fortunatamente, abbiamo molti modi per stimolare il nervo vagale, in modo da passare dalla modalità stressante lotta-o-fuga alla modalità riposo-e-digestione del sistema nervoso parasimpatico. Riposo-e-digestione sarebbe lo stato del nostro corpo nel 90% delle volte, se vivessimo come cacciatori-raccoglitori, che è il modo in cui i nostri corpi si sono evoluti per vivere.

Affinché tu possa riconoscere quando il tuo allenamento sta stimolando il nervo vagale e spostando il tuo sistema nervoso, impariamo qualcosa sulla scienza della stimolazione vagale.

La ricerca ha dimostrato che la stimolazione vagale apporta molti benefici alla salute:

- previene l'infiammazione aiutando a regolare una corretta risposta immunitaria
- migliora la comunicazione tra l'intestino e il cervello per fornire un'intuizione più precisa
- migliora la memoria attivando il rilascio di noradrenalina nell'amigdala, il che consolida i ricordi
- migliora la regolazione del battito cardiaco tramite impulsi elettrici al tessuto muscolare nell'atrio destro
- avvia la risposta di rilassamento del corpo attraverso il rilascio di acetilcolina, prolattina, vasopressina e ossitocina
- riduce o previene i sintomi dell'artrite reumatoide, dello shock emorragico e di altre gravi malattie infiammatorie precedentemente ritenute incurabili.

Come puoi vedere, la stimolazione del nervo vagale ha un impatto profondo sul corpo e sulla mente; praticare varie forme di stimolazione vagale contribuirà quindi in modo significativo a farti ottenere una qualità di vita migliore e a farti diventare un individuo più consapevole.

Nei capitoli successivi sperimenteremo vari metodi, tutti utili per tonificare il nervo vagale, al fine di stimolare i suddetti vantaggi scientificamente provati. Per avere un'idea di quanto possa essere potente la stimolazione del nervo vagale, prova il seguente esercizio:

Nota: il metodo di respirazione vagale qui insegnato è una forma di manovra di Valsalva (tecnica di pressione del respiro). Il metodo crea una pressione intra-addominale che può facilmente portare a un calo della pressione sanguigna e, quindi, a uno svenimento. Il pericolo principale è una caduta; perciò, prima di eseguire la manovra, le persone con problemi cardiaci, quelle a rischio di ictus o le persone che hanno impianti di lenti intraoculari o retinopatie come il glaucoma dovrebbero consultare un medico. Nota, inoltre, che il mio riferimento alla "respirazione vagale" non dovrebbe essere associato ad altre tradizioni che potrebbero utilizzare lo stesso termine in rapporto a una pratica leggermente diversa.

1. Siediti, in modo da essere al sicuro in caso di svenimento.
2. Fa' un respiro completo e trattienilo, mentre contrai tutto il corpo. Assicurati di contrarre anche il viso. Mantieni la tensione insieme al respiro.
3. Sebbene possa sembrarti di avere i polmoni pieni, in realtà non è così. Senza espirare l'aria corrente nei polmoni, inspira di nuovo per riempire completamente i polmoni.
4. Trattieni l'aria e la tensione fisica il più a lungo possibile.
5. Quando non riesci più a trattenere il respiro, espira lentamente e rilassa il corpo. Consenti al tuo corpo di respirare naturalmente.

Nota quanto ti senti più calmo e rilassato, dopo aver fatto un solo respiro vagale. Se avessi misurato la pressione sanguigna e la frequenza cardiaca prima e dopo questo respiro, vedresti un notevole cambiamento. Attraverso quell'unico respiro completo, tenuto per un breve periodo, hai stimolato il nervo vagale, che comunica con il resto del tuo corpo e induce uno stato rilassato ma consapevole.

Faresti bene a praticare la respirazione vagale un po' ogni giorno, quando hai tempo. La stimolazione vagale è estremamente potente e salutare. A causa dell'effetto corporeo che ha sulla salute e sulla consapevolezza, tutte le pratiche TEM includono un elemento di stimolazione vagale.

I cambiamenti nella sensazione e nella pulsazione, così come molti altri che potresti non aver notato, si verificano ogni volta che stimoli il nervo vagale. Se riesci a ricordarti di stimolarlo consapevolmente ogni giorno, avrai già migliorato in modo evidente la qualità fondamentale della tua vita.

Sebbene non parli della respirazione vagale mentre spiego le altre attività di questo libro, puoi combinare il metodo che hai appena appreso con le altre attività che esploreremo nei prossimi capitoli, nel modo che preferisci. Facendo così, potresti restare sorpreso da quanto velocemente ti trasformi la vita.

Capitolo 3

Altri cambiamenti fisici

Oltre ai vantaggi offerti dal guidare consapevolmente la neuroplasticità, la tonificazione del nervo vagale, con i conseguenti miglioramenti nella variazione della frequenza cardiaca, dà luogo a molti altri cambiamenti salutari, dimostrati scientificamente, che si verificano nel corpo come risultato dell'allenamento TEM. In questo capitolo, impareremo a conoscere questi cambiamenti e il modo in cui contribuiranno a portare beneficio alla nostra vita a livello fisico, mentale ed emotivo.

Apparato circolatorio

Sono diverse le pratiche che incorporiamo nel nostro allenamento meditativo che rafforzano il sistema circolatorio, tonificando i muscoli all'interno delle pareti dei vasi sanguigni (arterie, arteriole, vene e venule).

Questa tonificazione consente ai vasi sanguigni di regolare in modo ottimale il loro diametro, per mantenere una pressione sanguigna e un flusso sanguigno adeguati quando il corpo è sottoposto a forti pressioni. Tonificare i muscoli del sistema vascolare consente loro di dilatarsi in modo più efficace, per adattarsi ai cambiamenti richiesti nel volume sanguigno, in base alle circostanze in cui si trova il corpo.

Il risultato di muscoli circolatori ben tonificati è un corpo che è molto più in grado di gestire pressioni di ogni tipo mantenendo forza e resistenza. La domanda che potresti porti è: "In che modo la forza muscolare dei miei vasi sanguigni influisce sulla mia consapevolezza?"

È una domanda importante. Ripensa ai momenti della tua vita in cui eri malato o ti sentivi debole, esausto o sopraffatto. In quei tempi, con ogni probabilità, anche il tuo stato emotivo e il tuo pensiero non erano in forma, il che significa che non eri sintonizzato sulla consapevolezza. Quando cerchiamo di rimanere consapevoli e meditanti anche sotto pressioni e fattori di stress che farebbero perdere il controllo della mente ad altre persone, è necessario avere un forte sistema circolatorio.

Questo insegnamento non è una novità. In effetti, la leggenda narra che la ragione per cui i monaci iniziarono a praticare lo Shaolin Kung-fu è perché erano diventati così deboli, per colpa della meditazione sedentaria, che si addormentavano costantemente. Si dice che Bodhidharma, il monaco che portò il buddismo Chan in Cina, avesse ideato metodi di addestramento per rafforzare i monaci, in modo che non si addormentassero più durante la pratica.

La leggenda dice che Bodhidharma raccomandò l'arte marziale e l'allenamento del respiro come mezzo per migliorare la loro pratica di meditazione. Queste pratiche si combinarono con le arti marziali locali e divennero ciò che ora conosciamo come Shaolin Kung-fu.

Anche se il Kung-fu di oggi è probabilmente molto cambiato rispetto a quello praticato allora, resta tuttavia il punto che l'esercizio fisico è importante per la nostra salute a tutti i livelli. Se non sei interessato al kung fu, non preoccuparti, perché in questo libro non impareremo le tecniche di arti marziali. Abbiamo altri mezzi per allenare il corpo. Ma prima di arrivare a questi metodi, impariamo qualcosa sui tipi di cambiamenti di cui beneficeremo.

Cambiamenti cellulari

I mitocondri sono organelli, all'interno delle cellule, che hanno il proprio codice genetico distinto. I mitocondri non sono cellule umane, ma, a quanto pare, i resti di una simbiosi biologica avvenuta milioni di anni fa in organismi multicellulari in cui un batterio, una volta entrato in una loro cellula, cominciò a svolgere per essa molti compiti metabolici benefici, in particolare producendo energia.

Se davvero la teoria della simbiosi tra batteri e organismi multicellulari è vera, la relazione sembra aver funzionato benissimo per tutti i soggetti coinvolti. In ogni caso, quel batterio divenne una parte permanente della vita animale: una partnership duratura, in cui i mitocondri provvedono al fabbisogno energetico delle cellule, permettendo loro di concentrarsi su altre attività vitali. Il tuo calore corporeo e la tua energia provengono principalmente dal funzionamento di quei piccoli mitocondri nelle tue cellule: la gratitudine è d'obbligo!

Che tu lo sappia o no, i mitocondri stanno facendo il loro lavoro. Potresti chiederti perché ci preoccupiamo di conoscerli. Sono significativi per i nostri studi, qui, perché attraverso la pratica di determinati esercizi puoi aumentare il conteggio mitocondriale delle cellule, proteggendo e potenzialmente innalzando l'energia vitale del tuo corpo. Gli studi hanno dimostrato che, in media, la funzione mitocondriale e il conteggio diminuiscono con l'invecchiamento del corpo. Una persona di 40 anni ha solo una frazione della produzione di energia cellulare che aveva quando è nata.

Quando i mitocondri cellulari diventano deboli e/o numericamente insufficienti per alimentare le funzioni cellulari, il corpo risponde in modo meno efficiente allo stress e soffre maggiormente a causa delle pressioni della vita. A livello mentale ed emotivo, se i nostri corpi sono deboli, avremo meno acutezza mentale e proveremo più ansia, più depressione e più emozioni negative di quante ne proveremmo altrimenti (Pizzorno). Proteggi i tuoi mitocondri, perché i mitocondri sani e abbondanti influenzano positivamente la tua salute generale (Bratic e Larsson).

Ci sono molte domande, sui mitocondri e sulla loro relazione con l'invecchiamento e la salute, che devono ancora avere una risposta. Ma quello che abbiamo visto è che la condizione dei mitocondri è fortemente correlata alla condizione generale della nostra salute e al nostro processo di invecchiamento. Liberare il corpo dalle cellule malsane, cellule che hanno mitocondri deboli o che sono altrimenti compromesse, proteggendo invece le cellule sane, sembra essere essenziale per una buona salute. Un'altra chiave per una salute ottimale sembra essere la promozione dello sviluppo di altri mitocondri.

In sintesi, il Metodo di inclusione totale sinergizza una serie di potenti pratiche antiche che sintonizzano il cervello e rafforzano il corpo a livello cellulare, così come fanno i sistemi immunitario, circolatorio e nervoso, tutti apportanti benefici diretti per il corpo, la mente e la salute emotiva.

Mettiamolo in pratica!

Parte II

Tonificazione vagale

Molte culture antiche credevano che parole e nomi contenessero uno spirito divino con potere creativo. In effetti, più di ogni altro concetto spirituale, l'idea che le parole abbiano un potere soprannaturale può essere trovata in quasi tutte le più antiche civiltà del mondo.

Ad esempio, gli antichi cristiani aderivano alla convinzione che la Parola di Dio, comunemente indicata come Logos in greco, fosse intrisa del potere creativo divino da cui era nato l'universo. Gli indù dell'India credono che i mantra, espressioni o suoni spirituali derivati dal sanscrito, abbiano poteri spirituali e/o psicologici e possano influenzare la vita umana in modi soprannaturali.

Questo concetto compare anche nell'antica cultura giapponese con il termine *kotodama*. La parola giapponese *kotodama* è composta dal carattere cinese *koto*(言), che si traduce come "suono", "parola" o "lingua", e dal carattere cinese *dama* (霊), che può essere tradotto come "anima" "Spirito", "divino" o "sacro". L'idea di base è che il suono, le parole e il linguaggio hanno una natura spirituale, in quanto sono vivi e pieni di potere creativo, che influenza i nostri stati fisici, mentali, emotivi e persino il nostro ambiente. L'idea che il linguaggio abbia un potere divino può sembrare assurda per i moderni, ma ha senso, se considerata dal punto di vista degli antichi, che erano molto più di noi in contatto con la natura e che non avevano una struttura scientifica per descrivere le loro percezioni.

Inizieremo la Parte II esplorando alcuni suoni fondamentali dal punto di vista degli antichi, in modo da poter iniziare a capire perché la convinzione che la lingua e il suono siano sacri può essere trovata in ogni cultura antica del mondo. Una volta compresa questa prospettiva, sarai pronto a ricevere i benefici di un'affidabile pratica laica basata su dei principi. Con una visione funzionale del linguaggio e del suono in relazione alla consapevolezza, esploreremo la dimensionalità del suono mentre lo produciamo con i nostri corpi. Questa pratica serve a migliorare in modo significativo la nostra ricettività alle pratiche successive e ad aumentare la nostra consapevolezza nel suo complesso.

Infine, con la consapevolezza appena sviluppata della natura del suono e l'aumentata consapevolezza corporea del suono, imparerai a individuare i suoni che forniscono il più grande valore terapeutico per il tuo corpo in un dato momento. La sensibilità e la consapevolezza sviluppate attraverso le pratiche descritte nella Parte II serviranno come base per tutti gli esercizi successivi.

Capitolo 4

Suoni primari

Gli antichi si rendevano conto che gli esseri umani sono infinitamente più abili nel "creare" e modificare il proprio ambiente rispetto agli altri animali. Dal punto di vista dei primi popoli, che vivevano a contatto con la terra, ogni creatura è un parente. Partendo dall'idea che siamo parenti di altre creature, è naturale chiedersi perché gli esseri umani abbiano tanto più potere di influenzare l'ambiente rispetto agli altri animali.

Vedendo che il loro potere non stava nei denti e negli artigli, come per la maggior parte delle altre creature, i primi esseri umani si resero conto che la loro forza stava nel pensiero. Capirono anche che il pensiero è supportato dal linguaggio, una struttura che proviene dagli antenati e trascende l'individuo.

Il linguaggio, dal loro punto di vista, era un'ispirazione divina che risaliva agli inizi dell'umanità. Si resero conto che, se un individuo voleva influenzare il cambiamento nel mondo, doveva prima essere in grado di immaginare il cambiamento desiderato, vedendo il futuro, e poi articolando mentalmente il percorso verso quel futuro.

Se il piano richiede l'aiuto di altri, è necessario parlarne con loro. Se le parole sono chiare, stimolanti e in linea con le esigenze o i desideri delle persone, queste sosterranno il piano con il potere del loro linguaggio e del loro sforzo fisico.

Possiamo sicuramente vedere che noi esseri umani siamo parenti genetici di tutte le altre creature e abbiamo un incredibile potere creativo, di gran lunga superiore a quello delle altre creature, che ci permette di modificare il nostro ambiente (nel bene e nel male). Il potere delle parole ci ha aiutato a sopravvivere in un mondo pericoloso senza avere artigli, zanne o pelliccia: un risultato miracoloso. Considerando questo fatto, è facile capire perché la parola era considerata di vitale importanza per gli antichi, perfino sacra.

La sacralità del linguaggio, dal punto di vista dell'antico, ha la sua origine nella vibrazione sonora grezza. Diamo un'occhiata alle fondamenta del linguaggio, i suoni vocalici. I suoni vocalici A, E, I, O, U forniscono le vibrazioni fondamentali che danno origine ai sistemi linguistici di tutto il mondo, e vengono poi modificati da consonanti, pause, arresti glottali, eccetera.

I suoni vocalici sono fatti con la bocca e la gola sbloccate durante tutto il suono. Il suono delle consonanti, al contrario, implica che il suono venga interrotto o tagliato dai denti, dalla lingua, dalle labbra o dalla costrizione delle corde vocali. Per avere un'idea di cosa intendo per "vibrazioni dei suoni vocalici", dovrai vocalizzare i suoni con tutto il tuo corpo come si potrebbe fare durante un canto. Proviamo prima a cantare il suono "Ah", mentre sentiamo la vibrazione risultante nel corpo. Emetti il suono ad alta voce e dal punto più basso possibile del tuo corpo. Quando farai risuonare correttamente l'"Ah", noterai che le vibrazioni sembrano viaggiare lungo il corpo.

Ora confrontiamo un tipico suono di consonante come K. Quando provi a cantare la K, che sarebbe "KEH", la parte K del suono è temporanea, proprio all'inizio del canto, e non può essere mantenuta per più di un istante. K scompare rapidamente lasciando il suono "Eh".

Sappiamo dall'esperienza che il suono K è definito, in quanto non c'è modo di tenerlo, mentre il suono "Eh" può continuare per un intero respiro, il che significa che è indefinito. Ciò che è definito è terreno e ciò che è indefinito è trascendente.

Poiché il suono "Eh" continua e può mescolarsi con qualsiasi suono e può assumere qualsiasi posizione, quando si producono suoni più complessi, potrebbe essere considerato trascendente o sacro. In questa misura, K e altri suoni che non possono essere tenuti sono considerati suoni terreni o ordinari. Per evitare un misticismo non necessario nella nostra formazione, definiremo tutti i suoni trascendenti come "suoni primari" e manterremo tale definizione man mano che avanzerà l'addestramento.

Dalle definizioni esposte nel paragrafo precedente, possiamo vedere perché i suoni vocalici A, E, I, O e U possono essere considerati trascendenti (primari) e perché quasi tutte le consonanti sarebbero considerate suoni terreni (secondari). Ci sono alcuni suoni di consonanti che si adattano alla descrizione dei suoni primari. Nota che i suoni N e M, che sono consonanti in inglese, come A, E, I, O e U, creano vibrazioni sostenibili quando vengono cantati, indipendentemente da dove si presentano in una parola.

Provalo e guarda tu stesso. Non sono considerate vocali in inglese perché sono prodotte con un elemento chiuso (le labbra per M e la lingua contro i denti per il suono N). Per i nostri scopi, poiché i suoni M e N si possono tenere, anch'essi sono trattati come suoni primari.

E che dire della 'talvolta Y'?", potresti chiedere. Y non è un suono primario perché, quando si comporta come una vocale (in inglese, ad esempio, nella parola Hymn), la Y è vocalizzata come la vocale I, che produce una vibrazione mantenibile. Quindi, "Hymn" è effettivamente pronunciato "Him". Quando Y assume il proprio suono, ad esempio in "yellow" (giallo), il suono Y non si può tenere; quindi ha le proprietà di una consonante

Potresti chiederti perché conoscere la differenza tra suoni primari e secondari è importante per le persone che non credono nel sacro. I suoni primari, quando le loro vibrazioni sono estese, come accade durante il canto, stimolano il nervo vagale, il che a sua volta migliora la salute fisica, mentale ed emotiva, come abbiamo visto nel Capitolo 2.

Otterrai i benefici della vocalizzazione del suono primario indipendentemente dalle credenze. In effetti, il canto è un'antica tecnica di sopravvivenza. Quando gli esseri umani non erano così isolati dagli elementi, mantenere una buona salute era vitale per la sopravvivenza; quindi gli antichi approfittavano di questi suoni.

Come abbiamo visto in precedenza, i suoni primari svolgono due funzioni sorprendenti: costituiscono la base del linguaggio, che è il fondamento del nostro pensiero e dei nostri notevoli poteri di adattamento. Le vibrazioni sonore primarie giovano anche alla nostra salute a livello fisico, mentale ed emotivo. Proprio come i suoni primari hanno beneficiato la vita degli antichi, così possono anche giovare alla nostra, se li utilizziamo.

Per fare un po' di esperienza con questi suoni, prova a mescolare e abbinare i suoni "Ah", "Eh", "Ih", "Oh", "Uh", "Mmm" e "Nnn". In questo modo, potresti notare quanto siano simili i suoni ai canti dei monaci tibetani e gregoriani e ai canti delle popolazioni indigene che si trovano in tutto il mondo. Naturalmente, quelle canzoni e quei canti includono le consonanti, perché sono costituiti da frasi significative. Puoi anche aggiungere consonanti, ma sappi che gli effetti stimolanti sul nervo vagale dei canti e delle canzoni sono determinati dalle vibrazioni mantenute. Per avere un'idea dei suoni, ti invito a scaricare l'mp3 dei suoni primari da:

https://richardlhaight.com/primarysounds/

Si spera che tu possa sentire la profondità di tali suoni grazie alla pur poca conoscenza che hai acquisito in questo capitolo. Sappi che la profondità dei suoni primari è ancora più profonda. Al di là dei contributi pratici al nostro linguaggio e alla nostra salute, troviamo che vocalizzare i suoni primari nel modo giusto e per un tempo abbastanza lungo può portare le persone in stati visionari che trascendono il sé, stati che anche un ateo farebbe fatica a non descrivere come trascendenti. Non puoi ottenere quell'effetto da suoni o consonanti secondari.

Diamo un'occhiata a ciò che dice la scienza sui suoni primari, il respiro, il nervo vagale e a come tutto ciò influisce sulla nostra salute e consapevolezza.

Il nervo vagale, che collega il tronco cerebrale agli organi vitali, si collega anche con la parete posteriore del canale uditivo esterno, la parte inferiore della membrana del timpano e l'orecchio medio ("nervo vago"). Il canto dei suoni primari produce un aumento misurabile della forza della risposta vagale, che è determinato dalla variazione della frequenza cardiaca.

Maggiore è la variazione della frequenza cardiaca tra inspirazione ed espirazione, più sano è il tono vagale. Quando inspiriamo prima di emettere il suono "Ah", ad esempio, la frequenza cardiaca aumenterà. Quindi, mentre espiriamo producendo il suono, la nostra frequenza cardiaca diminuisce in modo misurabile. La produzione di suoni primari in modo simile a un mantra rafforza il tono vagale. Non solo il tono vagale migliora con questo esercizio, ma anche il sistema limbico si calma. Il sistema limbico è il centro emotivo del cervello. La stimolazione vagale, con qualsiasi mezzo, stabilizza le nostre emozioni, il che ci consente una maggiore chiarezza interiore.

Se dovessimo misurare le onde cerebrali prima, durante e dopo aver cantato i suoni primari, potremmo vedere che il cervello passa da un'onda beta, che pensa, punta a e induce lo stato di stress, a un'onda alfa, che è uno stato riparativo. Anche guardare la TV ci metterebbe in uno stato di onde alfa. La differenza è che con la tonificazione vagale siamo in uno stato altamente consapevole e meditativo rispetto a quello indotto dal guardare la TV, che è uno stato inconsapevole.

Capitolo 5

Dimensioni del suono

Ogni suono primario ha una risonanza, una forma e una direzione vibratoria distinte che possono essere percepite nel corpo. Più sei abile nel vocalizzare questi suoni dal profondo del corpo, più evidenti sono le forme, le dimensioni e i flussi direzionali di ciascun suono. Per avere un'idea di base della distinta dimensionalità di ogni suono, possiamo vocalizzarli in successione, senza fermarci tra un suono e l'altro.

Ecco come sentire la natura di ogni suono:

1. Siediti o stai dritto ma comodamente.
2. Rilassa il corpo e sfoca la mente mentre senti tutto il corpo fisico.
3. Inizia a vocalizzare "Ah" mentre senti le vibrazioni nel corpo per alcuni secondi. Notare la forma e la direzione del viaggio vibrazionale. Sposta il suono su "Eh" per alcuni secondi e osserva il cambiamento vibrazionale nella forma rispetto al suono "Ah". Notare la direzione in cui viaggia il suono.
4. Continuando, cambia il suono in "Ih" per un breve periodo. Sentite e annotate la forma e la direzione del viaggio del suono rispetto al

suono "Eh".
5. Passa al suono "Oh" e osserva il cambiamento, la forma e il viaggio del suono.
6. Passa al suono "Uh" e senti le sue qualità.
7. Emetti il suono "Mmm" e osserva la sua natura.
8. Infine, produci il suono "Nnn" e percepisci le sue dimensioni.

Per farti un'idea di come sono, riproducili tutti d'un fiato, sentendo il cambiamento tra di loro.

"Ah"
"Eh"
"Ih"
"Oh"
"Uh"
"Mmm"
"Nnn"

Se non l'hai ancora fatto, ti invito a scaricare l'mp3 dei suoni primari da: https://richardlhaight.com/primarysounds/

Ormai puoi vedere e sentire chiaramente le differenze nella dimensione del suono tra ciascuna di queste vocalizzazioni primarie. Probabilmente hai notato che il suono "Ah" viaggia lungo il corpo, il suono "Ih" ha una forma simile a un disco quasi orizzontale dalla parte superiore del torace o della gola. Il suono "Uh" viaggia verso l'alto in forma conica, mentre il suono "Eh" dirige quella forma conica in avanti. Il suono "Oh" è un suono sferico che si allontana dalla sua origine in ogni direzione allo stesso modo. Anche il suono "Mmm" è sferico ma piccolo rispetto al suono "Oh". Che forma ha il suono "Nnn"?

Se all'inizio ti senti insicuro delle dimensioni del suono, non preoccuparti, perché lo sviluppo della consapevolezza e della sensibilità corporea fa parte del beneficio degli esercizi sonori primari. Potrebbe essere necessaria un po' di pratica, prima di percepire chiaramente le dimensioni dei suoni e sviluppare la comprensione di come viaggiano. Ti consiglio di esercitarti un po' ogni giorno su ogni suono, per farti un'idea.

Durante la pratica, nota i suoni che sembrano difficili da produrre dal profondo del corpo. La maggior parte delle persone, quando per la prima volta inizia a cantare i suoni primari, crea eccessivamente i suoni con la gola, il che rende il tono più alto di quello ideale per la pratica. Per aiutare a produrre i suoni dal più profondo del corpo, metti le mani sul diaframma, l'area morbida appena sotto lo sterno, in modo da poter sentire quell'area un po' più intensamente. Prova a produrre i suoni da quella zona. Aprire la bocca un po' di più abbassa il tono del suono, così che puoi avvertirlo più in basso nel corpo.

Non preoccuparti troppo di produrre suoni perfetti. Lo scopo della pratica non è migliorare la tua voce, così che tu possa cantare o esibirti per gli altri. Il perfezionamento dei suoni verrà con la pratica. La cosa più importante è rilassarsi, sentire e godersi il processo, perché fare altrimenti non consente di ottenere i benefici meditativi della pratica.

Capitolo 6

Terapia del suono

Durante la produzione dei diversi suoni, potresti aver notato che il corpo si sentiva bene mentre produceva certi suoni e sembrava poco propenso a produrne altri. Altri suoni ancora sembravano neutri. Prendi nota dei suoni che fanno sentire il tuo corpo particolarmente bene, perché, quando produci quei suoni, è molto benefico per la tua salute.

Per ottenere i massimi benefici per la salute da questi suoni, indirizza i tuoi sforzi verso la produzione di suoni che, mentre li emetti, creano le sensazioni più positive nel corpo. Prova ogni suono prestando attenzione alla risposta del corpo: "Ah", "Eh", "Ih", "Oh", "Uh", "Mmm" e "Nnn".

Il suono che, al momento, è terapeutico sembrerà in qualche modo giusto o appagante per il tuo corpo. Prendi nota di quel suono, perché lo utilizzerai. Cerca anche di capire qual è il suono che il tuo corpo, in quel momento, non apprezza. Percepire questi due estremi contribuirà alla tua sensibilità e consapevolezza fisica, che ti aiuteranno negli esercizi successivi.

Dai test, ho scoperto che nessun suono è adatto a tutti. Mi sono anche reso conto che i nostri corpi cambiano costantemente; quindi il suono che andava benissimo per il tuo corpo questa mattina potrebbe non essere quello giusto a mezzogiorno o di notte. La chiave è riprodurre i suoni assolutamente senza aspettative, sentendoli tutti prima di selezionare quello giusto per il momento. Imposta un timer su cinque minuti e divertiti a vocalizzare il suono terapeutico.

Come probabilmente ti accorgerai, praticando per un po' questi suoni, le vocalizzazioni tonificheranno il nervo vagale e ti faranno entrare molto rapidamente in uno stato mentale meditativo. Vi è anche un altro motivo, però, a sostegno della pratica: lo sviluppo della consapevolezza subconscia.

Ricorrendo a una tipica metafora per mente e coscienza, potremmo considerare la superficie dell'oceano come una rappresentazione della mente. È piena di cambiamenti e turbolenze. Più ci immergiamo in profondità sotto la superficie, che rappresenta il subconscio, più chiarezza e consapevolezza troviamo. Il modo per immergerci più in profondità è attraverso la sensazione. Più ci esercitiamo a sentire le differenze tra i suoni, e soprattutto ad avvertire in che modo il nostro corpo sente quei suoni a livello terapeutico, più diventiamo consapevoli della mente subconscia, che ha le sue correnti.

Il livello più vero di consapevolezza si trova sotto tutte le correnti. Quando quel livello viene raggiunto e mantenuto per tutta la vita quotidiana, lo chiamiamo "inclusione totale". Prima di poter vivere le nostre vite a quella profondità di consapevolezza, dobbiamo diventare consapevoli delle correnti che circolano tra la superficie e l'immobilità. Praticare con l'obiettivo di sviluppare la sensibilità interiore è il segreto per immergersi intenzionalmente più in profondità nell'oceano del subconscio.

Come aiuto nella pratica, possiamo perfezionare ulteriormente ogni suono provandolo nella sua forma di tono alto e basso e poi annotando esattamente il tono che, in quel momento, sentiamo giusto per il nostro corpo. Immaginiamo che tu abbia testato tutti i suoni primari e scoperto che, in questo momento, il suono "Ah" ti sembri proprio quello giusto. Per comporre il tono esatto per il suono "Ah", potresti iniziare a produrlo con il tono più basso possibile, il che richiederà che la tua bocca sia completamente aperta, con il suono proveniente dal diaframma. Mentre produci il suono, spostane lentamente l'origine verso la gola. Se sei in grado di farlo, l'intonazione di "Ah" dovrebbe aumentare in modo significativo. Mentre alzi lentamente il tono, nota esattamente quale tono è più terapeutico per il tuo corpo in questo momento.

Una volta che hai capito quale suono e intonazione ti sembrano più utili in questo momento, vedi se riesci anche a identificare il suono e l'altezza più avversi al tuo corpo. Praticare in questo modo aumenterà la tua consapevolezza e sensibilità fisica, nel tempo, e potrà consentire una sorta di comunicazione cosciente con la mente subconscia.

Una volta trovati sia i suoni terapeutici che quelli negativi, assicurati di terminare la tua pratica lavorando sul suono che ha prodotto il maggior beneficio terapeutico per il tuo corpo. Se puoi, concludi sempre con una nota positiva.

Parte III

Allenamento di base sotto pressione

Ora hai imparato diversi strumenti di allenamento per migliorare la tua salute, sensibilità fisica e consapevolezza meditativa. Nella Parte III verrai a conoscenza di un potente strumento che, senza dubbio, metterà alla prova le tue capacità.

Se sei un principiante, il primo pensiero che potresti avere è che non sei pronto per una sfida. Bandisci questo pensiero non appena si presenta, perché non riflette la verità. L'allenamento sotto pressione descritto nella Parte III potrebbe sembrarti troppo arduo, le prime volte che lo provi, ma sarà così indipendentemente dalle tue capacità meditative.

Quello che succederà è questo: le prime volte ti sembrerà di non potercela fare, ma poco dopo vedrai un rapido miglioramento: prendere atto di quel miglioramento incoraggerà la pratica dell'allenamento sulla pressione.

L'allenamento sulla pressione che utilizzeremo nasce da un'antica pratica religiosa nota come "purificazione con l'acqua". Per i nostri scopi, spogliamolo di tutti gli elementi religiosi, in modo da poter lavorare esclusivamente con i principi della pratica. L'adesione ai principi trasformerà la purificazione con l'acqua in un potente strumento di formazione alla consapevolezza.

Allenamento di base sotto pressione

Una volta appreso il metodo di base, esploreremo la respirazione corretta in relazione alla pratica, nonché le variazioni al metodo che ti consentiranno di apportare ogni giorno le modifiche appropriate in base alle tue circostanze. Una volta che avrai appreso le variazioni, discuteremo di questioni relative alla salute che, per consentire una pratica proficua e sicura, potrebbero richiedere lievi modifiche,.

Infine, impareremo a utilizzare un potente strumento di valutazione del progresso derivato dai suoni primari, che ti indicherà accuratamente il punto raggiunto nel tuo allenamento, così che potrai aumentare il livello di difficoltà nel modo appropriato.

Capitolo 7

Purificazione con l'acqua

La purificazione con l'acqua può essere trovata in quasi tutte le culture e religioni del mondo. Ad esempio, Giovanni Battista, un profeta ebreo vissuto al tempo di Gesù, viene descritto nella Bibbia nell'atto di battezzare le persone immergendole nell'acqua del fiume, come sacramento centrale dei suoi insegnamenti messianici. È scritto che Gesù andò da Giovanni per essere battezzato, prima di iniziare il suo ministero. Ovviamente, il battesimo prospera ancora oggi nella maggior parte delle tradizioni cristiane, ma il battesimo come viene praticato di solito ora non è esattamente lo stesso del tempo di Giovanni.

La tradizione della purificazione con l'acqua, conosciuta come *tvilah* nel giudaismo, è antecedente a Giovanni Battista e si trova nella Legge di Mosè, scritta oltre mille anni prima della missione di Giovanni. Il rituale *tvilah* richiede che l'individuo sia immerso in una raccolta naturale di acqua, chiamata *mikveh*. Attraverso l'immersione in acqua, si dice che l'individuo viene riportato alla "purezza". Il rituale serve a purificare qualcuno prima che, una volta convertitosi, entri nel Sacro Tempio, o dopo che ha toccato un cadavere, per esempio. Nella cultura giapponese, una pratica simile, nota come *misogi* (禊), si traduce in inglese come "eseguire le abluzioni". Nella tradizione shintoista *misogi* significa "lavare via le impurità con l'acqua" e viene eseguito sotto una cascata. In effetti, tuttora le persone praticano il *misogi* alle cascate che si trovano nei grandi templi buddisti o nei santuari shintoisti in tutto il paese.

La pratica viene in genere eseguita spogliandosi dei vestiti, fino alla biancheria intima. Pregando, l'individuo raggiunge la cascata e vi rimane il più a lungo possibile, con l'intenzione di mantenere la convinzione di rilasciare impurità spirituali o di pregare per gli altri.

A causa dell'attenzione agli elementi rituali e religiosi e alla percezione che le persone comunemente hanno che queste pratiche nascano da antiche superstizioni, gli elementi pratici della purificazione con l'acqua sono stati in gran parte dimenticati. È comprensibile che siano andate perse le tracce del principio sottostante, se si considera che la purificazione con l'acqua è stata usata come strumento di esorcismo in molte religioni di tutto il mondo. Se uno non crede negli spiriti, l'esorcismo non ha senso e, per associazione, nemmeno la purificazione con l'acqua.

Capitolo 8

Affrontare l'acqua

Come abbiamo visto nell'ultimo capitolo, gli antichi pensavano che l'immersione in acqua naturale con l'intenzione di purificarsi esorcizzasse gli spiriti negativi. Da questa descrizione possiamo vedere che due degli elementi in gioco, per gli antichi, potrebbero non essere applicabili a noi: il tipo di acqua e la fede negli spiriti. Poiché le nostre circostanze di vita differiscono notevolmente da quelle degli antichi, dobbiamo sapere se quegli elementi si applicano a noi o no.

Per quanto riguarda il fabbisogno di acqua naturale, dovremmo ricordare che gli antichi non avevano acqua corrente nelle loro case. L'acqua naturale, per loro, era quella che scorreva in fiumi, torrenti, oceani, eccetera, cioè acqua ben al di sotto della temperatura corporea.

Anche se non puoi accedere a un fiume dall'interno della tua casa, puoi usare la doccia. L'unica domanda è se fare una doccia fredda ci procuri o meno l'effetto purificante. Dobbiamo anche sapere se la fede negli spiriti sia necessaria per ottenere i benefici della purificazione con l'acqua. Se, con una doccia fredda intenzionale, il tuo stato emotivo si schiarirà, allora saprai che l'idea di base della purificazione con l'acqua è utile. Per rispondere a entrambe le domande sarà necessaria la tua esperienza diretta con una doccia fredda intenzionale. Mettiamo alla prova la teoria conducendo un esperimento.

Nota: se soffri di problemi cardiaci o sei comunque in cattive condizioni di salute, consulta il tuo medico, prima di condurre questo esperimento.

Aspetta di sentirti negativo o comunque emotivo, poi vai nel tuo bagno, spogliati e mettiti sotto il flusso dell'acqua più fredda che la tua doccia può fornire, con l'intenzione di lavare via la negatività, grazie all'abbraccio scioccante dell'acqua fredda.

Assicurati di stare completamente sotto l'acqua corrente per almeno un minuto. Dirigi l'acqua sul viso, sulla testa, sul petto e sulla schiena. Non tentare di sfuggire in alcun modo al getto. Anzi, indirizza intenzionalmente l'acqua verso quelle zone che più ti impediscono di respirare. Respira, con l'obiettivo di rilassarti nell'esperienza. Lascia andare intenzionalmente la negatività insieme al respiro. Dopo un minuto, chiudi l'acqua, esci dalla doccia e asciuga il corpo.

Come ti senti?

La prima cosa che probabilmente noterai è che senti il corpo più vivo e stimolato rispetto a prima di entrare nella doccia. Nota anche che il tuo stato esperienziale è stato purificato, così che ti sentirai relativamente bene fisicamente, mentalmente ed emotivamente. In poche parole, ti senti meglio, pensi in modo più chiaro e hai più energia. Secondo il pensiero degli antichi, sei stato purificato.

Si spera che, dopo la tua esperienza con la doccia fredda, l'idea della purificazione con l'acqua non ti sembri più così assurda. Se non avessi una spiegazione scientifica su cui fare affidamento, probabilmente anche tu ti descriveresti come purificato da uno spirito immondo.

Sfortunatamente, molte delle religioni che praticano questi rituali non insegnano, e forse non conoscono, la pratica salutare originale che ha generato i loro rituali. Se lo facessero, la pratica della purificazione con l'acqua sarebbe una parte normale della routine della vita delle persone, non un rituale da seguire una volta all'anno o una volta nella vita.

Per i nostri scopi, metteremo da parte tutte le associazioni di idee religiose e manterremo i benefici pratici che otteniamo dal fare docce fredde intenzionali, ovvero il tuo sentirti molto meglio fisicamente, mentalmente ed emotivamente. Con l'esperienza, noterai che sei più capace, più produttivo, più consapevole, più energico nei giorni in cui fai la doccia fredda di quanto tu non lo sia nei giorni in cui la salti.

Alcune persone pensano che fare una doccia fredda sia un'attività estrema perché è così scioccante. Tali pensieri provengono da una prospettiva modernizzata da cui siamo abituati ad avere un facile accesso all'acqua riscaldata ogni volta che facciamo la doccia o il bagno. Ma l'acqua riscaldata non era ciò con cui i nostri corpi si sono evoluti. Fino a tempi molto recenti, infatti, fare il bagno in acqua fredda era solo una parte normale dell'igiene, praticata tutto l'anno.

Con l'invenzione dell'agricoltura, gli esseri umani hanno iniziato a praticare stili di vita più sedentari. Alla fine, abbiamo iniziato a riscaldare l'acqua per fare il bagno. L'acqua riscaldata è quindi diventata la norma e il nostro corpo, di conseguenza, si è indebolito.

Come forse ricorderai, nella Parte I abbiamo discusso degli effetti benefici che l'allenamento TEM ha sul cervello e sul corpo attraverso la stimolazione vagale. Con ogni esperienza di doccia fredda, il tuo nervo vagale sarà altamente stimolato, il che aumenterà la variazione della frequenza cardiaca, un risultato molto positivo per la salute. A causa dell'intensa stimolazione vagale, l'infiammazione del corpo si ridurrà; quindi la tua salute generale probabilmente migliorerà.

Con ogni doccia fredda, eserciti il tuo sistema circolatorio, in particolare il cuore e i muscoli nelle pareti dei vasi sanguigni, che miglioreranno la loro capacità di regolare la pressione sanguigna in tutto il corpo. Inoltre, una doccia fredda eserciterà i mitocondri nelle cellule, rendendole più efficienti. Le cellule che hanno mitocondri insufficienti moriranno per essere sostituite da cellule più sane. L'effetto netto è una "potatura cellulare" che permetterà di avere più energia, così che il tuo corpo possa godere di una salute generale migliore di quanto non farebbe altrimenti. Infine, mentre affronti la sfida dell'esperienza della doccia fredda, scoprirai di essere maggiormente in grado di affrontare altre sfide che potresti avere evitato fino ad allora.

Per riassumere, il risultato delle docce fredde quotidiane è un cuore più sano, un sistema nervoso più tonico, un sistema immunitario migliore, un sistema circolatorio più forte e cellule più sane. Nei tempi antichi, quei sistemi dovevano essere robusti solo per garantire la sopravvivenza. Nei tempi moderni, possiamo cavarcela senza avere un corpo forte, ma la nostra qualità della vita ne risente.

Non importa chi sei o quale sia la tua intenzione, fare docce fredde può offrire alcuni vantaggi. Detto questo, se la tua intenzione è giusta, ovvero essere più consapevole da un punto di vista meditativo, avrai ulteriori benefici. Sfidare l'inerzia emotiva con una doccia fredda migliorerà notevolmente la tua consapevolezza e le tue capacità meditative sotto qualsiasi tipo di pressione, comprese quelle della vita quotidiana.

Prima di arrivare a quel tipo di allenamento, vediamo alcuni protocolli di sicurezza per la doccia fredda.

Chi non dovrebbe fare docce fredde?

Sebbene la maggior parte dei medici avverta le persone con problemi cardiaci di evitare l'immersione in acqua fredda (si pensi ai bagni di ghiaccio), c'è poco di scritto sui pericoli di una doccia fredda. Detto questo, per le persone che hanno una salute gravemente compromessa, alla fine di questo capitolo includo un sistema graduale che consentirà al corpo di acclimatarsi alle docce fredde più lentamente, sempre che la persona interessata e il suo medico lo approvino.

Se sospetti di avere una condizione che potrebbe non essere compatibile con le docce fredde, leggi l'intero capitolo, prima di tentarne una. Anche le persone generalmente sane potranno utilizzare alcuni aspetti di quel sistema nei giorni in cui non si sentiranno bene.

Respiro di fuoco

Il modo in cui respiriamo nel primo minuto di una doccia fredda fa una grande differenza riguardo al tempo in possiamo rimanere lì sotto. Da principianti, potremmo notare che il nostro respiro diventa convulso e irregolare, quando l'acqua fredda ci colpisce per la prima volta la pelle. Oppure potremmo essere tentati di trattenere il respiro come risposta a una situazione stressante. Con questa consapevolezza in mente, possiamo utilizzare l'esperienza della doccia per imparare a guidare la nostra respirazione verso la stabilità.

Per tenere sotto controllo la respirazione durante una doccia fredda, tutto ciò che devi fare è farti strada intenzionalmente nella respirazione convulsa, effettuando inspirazioni ed espirazioni rapide, piene e potenti. In questo modo tonificherai rapidamente il nervo vagale, ossigenerai il sangue e, potenzialmente, aumenterai anche la temperatura corporea.

Questo tipo di respiro è stato codificato dai monaci tibetani e viene comunemente indicato come "Respiro di fuoco". Il metodo è così chiamato perché, se lo esegue correttamente, un maestro professionista può aumentare in modo dimostrabile la temperatura corporea anche quando è seduto nudo sul ghiaccio. Ben inteso, il Respiro di fuoco non è esattamente una tecnica, ma piuttosto un farsi strada consapevole in ciò che il corpo fa naturalmente quando viene esposto a un freddo improvviso. Le persone tendono a complicare eccessivamente e ritualizzare le cose che sono molto semplici. Per i nostri scopi con la doccia, non è necessario complicare il Respiro di fuoco. Quando inizi la doccia fredda, se il tuo respiro è convulso, puoi usare il Respiro di fuoco per riprendere il controllo della respirazione.

Prima doccia di allenamento

Nota: per sicurezza, imposta sempre un timer di 10 minuti, per ricordarti di uscire prima che inizi l'ipotermia.

Per ottenere il massimo beneficio da una doccia fredda, falla come prima cosa al mattino, dopo aver usato il bagno. Pensandoci il meno possibile, spogliati, entra nella doccia e, se riesci a farlo, posizionati bene sotto il soffione e apri l'acqua, in modo che il getto sia il più forte e freddo possibile.

Mentre l'acqua scorre sul tuo corpo, nota eventuali sussulti o irregolarità di respiro. Usa il primo minuto per cercare di tenere sotto controllo la tua respirazione usando il Respiro di fuoco, dirigendo il flusso dell'acqua direttamente nei punti che stimolano la maggior tensione respiratoria.

Dopo il primo minuto, cerca di rimanere nella doccia fredda il più a lungo possibile, ma non oltre i dieci minuti. Non vogliamo che il corpo vada in ipotermia, che è una condizione potenzialmente mortale.

Se riesci a tenere sotto controllo la respirazione nel primo minuto, rimanere sotto la doccia più a lungo non sarà così difficile. Se, tuttavia, il tuo respiro non si calma, la sfida della doccia sarà insormontabile e potresti non essere in grado di rimanere là sotto per più di un minuto. Se ciò accade, non colpevolizzarti. Con la pratica quotidiana, scoprirai presto che starci un minuto non è poi così difficile.

Nota: se dopo la doccia hai difficoltà a riscaldarti o senti una sensazione di bruciore, significa che la tua temperatura corporea si è leggermente abbassata, cosa che vogliamo evitare. Prova a ridurre un po' il tempo sotto la doccia, finché i sintomi non si manifesteranno più.

Approccio graduale

Se riscontri una forte resistenza a porti completamente sotto il flusso della doccia fredda, puoi fare un passo alla volta, affrontandola con un approccio più graduale. Ecco come potresti procedere.

Immagina di entrare in un fiume per fare il bagno, come avresti fatto nei tempi antichi. Naturalmente, i tuoi piedi entrano per primi nell'acqua fredda. Man mano che avanzi più in profondità, l'acqua sale sulle gambe, fino all'inguine, quindi fino alla parte inferiore dell'addome, prima che tu faccia finalmente il grande passo e ti tuffi sott'acqua.

Con questo scena come guida, potresti dirigere il getto della doccia prima verso i tuoi piedi, poi gradualmente su per le gambe, all'inguine, quindi al basso addome. Potresti anche indirizzare il getto sulle braccia, prima di spostarlo infine su busto, viso, testa, spalle e schiena.

Una volta passato il primo minuto, cerca di rimanere nella doccia fredda per un massimo di 10 minuti, ma non di più. Ancora una volta, l'obiettivo per il primo minuto è quello di tenere sotto controllo il respiro e rilassarsi nell'esperienza dell'acqua fredda. Se il tuo respiro non si calma, la sfida della doccia sarà insormontabile e potresti non essere in grado di rimanere a lungo sotto il getto freddo. In tal caso, è consigliabile uscire presto dalla doccia, perché il corpo non regola bene la temperatura se la respirazione è molto irregolare.

Se non ce la fai a rimanere sotto la doccia, non rimproverarti per questo. Presto imparerai a farlo. Indipendentemente da quanto tempo ci sei rimasto, annota mentalmente i minuti di permanenza e, se sei riuscito a regolare il respiro, approssimativamente quanto tempo ti è occorso per calmarlo.

Una volta terminata la doccia, asciugati immediatamente. L'asciugatura all'aria dopo una doccia fredda è sconsigliata per i principianti, poiché la temperatura del corpo può calare rapidamente, causando ipotermia, una condizione rischiosa che potenzialmente mette in pericolo di vita.

Il metodo del lavandino

Per gli individui che sono in cattive condizioni di salute, ma che vorrebbero mettersi alla prova con il freddo, c'è un modo molto più delicato per farlo. Il metodo del lavandino gioverà al cuore, senza metterlo in pericolo. Per sicurezza, consulta il tuo medico, prima di procedere con questo metodo.

Poiché il nervo vagale si collega al viso e al collo, possiamo stimolarlo e influenzare positivamente il resto del nostro corpo versando acqua fredda sulla testa, sul collo e sul viso. Uso questo metodo nei giorni in cui sento che la salute è leggermente compromessa.

Metti la testa sotto il rubinetto del lavandino e fai scorrere l'acqua fredda sopra la testa. Usa la mano per dirigere l'acqua del rubinetto su viso e collo. Esegui questo procedimento per almeno un minuto. Quando hai finito con la testa, il viso e il collo, fai scorrere l'acqua fredda sulle braccia.

Una volta che hai finito con l'acqua, tieni la testa sopra il lavandino per alcuni minuti per far gocciolare l'acqua ed esporti all'aria della stanza. Presta attenzione al tuo respiro. Potresti notare che, ogni tanto, emetti dei grandi respiri, poiché il tuo corpo prende naturalmente degli ampi respiri e li rilascia in modo rinvigorente. Asciugati e inizia la giornata.

Se scopri che la temperatura dell'acqua del rubinetto non è una sfida sufficiente, circa dieci minuti prima della tua avventura al lavandino potresti riempire d'acqua un secchio o una grande ciotola e quindi aggiungere abbastanza ghiaccio da coprire l'intera superficie dell'acqua. Questo dovrebbe permettere alla temperatura dell'acqua di scendere in modo significativo. Rimuovi il ghiaccio e, se possibile, versa l'acqua sopra la testa con una sola mossa. Fai seguire questa cosa dal metodo del lavandino prescritto sopra.

Nota finale: quando esegui questo metodo, rischi di ridurre il bagno a un pantano, cosa che, per me, non è un problema. Se lo desideri, puoi utilizzare questo metodo sotto la doccia, se hai un soffione staccabile.

Domande e risposte sulle docce fredde

Domanda: Trovo difficile pulire il mio corpo mentre faccio una doccia fredda; quindi faccio anche delle docce calde. Mi sembra che fare entrambe le cose sia uno spreco d'acqua.

Risposta: Le docce fredde vanno bene per la pulizia del corpo, ma dovresti farlo alla vecchia maniera, usando un panno ruvido per esfoliare la pelle. In questo modo, rimuovi la pelle morta ma conservi gli oli sani. Potresti scoprire che, in questo modo, la pelle non si secca così facilmente ed è più sana di quanto sarebbe se usassi sempre il sapone. Per quanto riguarda la pulizia dei capelli, anche quella si può fare con una doccia fredda e senza sapone, ma ci vogliono alcuni mesi di duro lavoro per riequilibrare il cuoio capelluto e la salute dei pori. Poiché poche persone sarebbero disposte a fare ciò che è richiesto e poiché tale aspetto non è rilevante in questo libro, qui lo salterò.

Domanda: Devo fare una doccia fredda per svegliarmi?

Risposta: Ciò che è richiesto dipende dall'individuo. Detto questo, la forza interiore che vuole evitare il disagio della doccia fredda può essere proprio la cosa che impedisce il cosiddetto risveglio. In ogni caso, il risveglio, se questo è il tuo scopo, richiede un'attenuazione della resistenza al cambiamento, alle sfide e al disagio. Le docce fredde contribuiranno a determinarla.

Domanda: Le docce fredde possono farti star male?

Risposta: A tanti di noi è stato detto: "Mettiti il cappotto o morirai di freddo! Stai al riparo dalla pioggia o ti ammalerai". Non prendi il raffreddore perché stai al freddo. Un raffreddore viene da un virus, non dalla temperatura. Detto questo, se il tuo sistema immunitario è gravemente compromesso e hai il virus del raffreddore, potresti ammalarti. Il modo migliore per rimanere in salute è rafforzare il sistema immunitario. Per farlo, bisogna metterlo alla prova. Il concetto non è diverso dal sollevamento pesi allo scopo di diventare più forti. Riassumendo, l'esposizione controllata al freddo e ad altre pressioni è benefica per la salute generale.

Domanda: Si va in ipotermia se si fanno docce fredde in inverno?

Risposta: Puoi andare in ipotermia a qualsiasi temperatura che sia inferiore a quella corporea. Le persone vanno in ipotermia dopo essere state a una temperatura di 18 gradi per troppo tempo. La difesa contro l'ipotermia dipende in gran parte dalla salute che hai. La chiave per evitare l'ipotermia dopo l'esposizione al freddo è riscaldare il corpo. Puoi farlo con acqua calda, indossando abiti asciutti a sufficienza, bevendo una bevanda calda, eccetera.

Capitolo 9

Allenarsi con problemi di salute

Dato che lavoriamo con l'esposizione al freddo, dobbiamo essere consapevoli dei possibili disturbi che potrebbero complicare il nostro allenamento, in particolare la sindrome di Raynaud e le malattie autoimmuni associate. Se non soffri di disturbi autoimmuni, passa pure al capitolo successivo.

La sindrome di Raynaud è un disturbo circolatorio che causa una diminuzione del flusso sanguigno alle dita della mano, ma può anche colpire le dita dei piedi, le ginocchia, i capezzoli, le orecchie, il naso o le labbra. Secondo il dipartimento di reumatologia del Johns Hopkins Hospital, i sintomi di Raynaud sono dovuti a spasmi dei vasi sanguigni nelle suddette aree. Gli spasmi sono innescati da esposizione a freddo, stress o disturbi emotivi.

La sindrome di Raynaud colpisce circa il quattro per cento della popolazione. La forma più comune si manifesta di solito nelle persone di età compresa tra 15 e 30 anni e più frequentemente nelle donne.

Quando la sindrome di Raynaud si manifesta in persone di età superiore ai trent'anni, è tipicamente collegata ad altri disturbi, come malattie autoimmuni o del tessuto connettivo (lupus, sclerodermia, sindrome CREST, malattia di Buerger, sindrome di Sjögren, artrite reumatoide, malattia vascolare occlusiva, polimiosite, disturbi del sangue, disturbi della tiroide e ipertensione polmonare). Sebbene questi collegamenti siano comuni, la vera causa di questa sindrome è ancora sconosciuta.

I sintomi possono variare leggermente da persona a persona, ma ci sono elementi comuni. Il primo sintomo, e il più comune, sono le dita che diventano pallide o bianche, quindi blu, se esposte al freddo. Questo sintomo è spesso accompagnato da intorpidimento e dolore. La sindrome di Raynaud può anche manifestarsi durante uno stress o un turbamento emotivo. Un altro sintomo sono le mani che si gonfiano e sono dolenti, quando si riscaldano. Quando le mani si riscaldano, alla fine diventano rosse. Il riscaldamento richiede in genere pochi minuti, ma in rari casi possono essere necessarie ore, prima che nelle aree colpite torni una corretta circolazione. Nei casi più gravi, è possibile che si formino piaghe sui polpastrelli, che possono facilmente portare a infezioni ed eventualmente a gangrena, che può, in rare situazioni, richiedere l'amputazione.

Secondo il sito web della Johns Hopkins Medical School, una serie di fattori può aumentare il rischio di sviluppare la sindrome di Raynaud, e cioè: tessuto connettivo o malattie autoimmuni, esposizione a sostanze chimiche, fumo di sigaretta, lesioni o traumi, azioni ripetitive, come la battitura a macchina o l'uso di strumenti vibranti come motoseghe e martelli pneumatici, ed effetti collaterali di alcuni farmaci ("Fenomeno di Raynaud").

Per gestire la sindrome Raynaud devi normalmente evitare i fattori di stress che la stimolano, come il freddo, lo stress o il turbamento emotivo. Se hai tale sindrome, ti consigliamo di vestirti in modo caldo ed evitare di fumare. Caffeina, estrogeni e beta-bloccanti non selettivi sono spesso elencati come fattori aggravanti, ma non vi sono ancora prove sufficienti a sostegno del fatto che dovrebbero essere evitati (Wigley e Flavahan).

Ho un'esperienza personale con la sindrome di Raynaud, così come uno dei miei fratelli. Nel mio caso, è iniziato quando ero più grande, apparentemente come complicazione di una malattia autoimmune che si manifestava come artrite reumatoide della colonna vertebrale. Il mio medico disse che quell'artrite era stata molto probabilmente stimolata da un incidente a cavallo, quando avevo 17 anni, un evento che mi schiacciò la spina dorsale come una fisarmonica.

Quando raggiunsi i quarant'anni, cominciarono a manifestarsi i primi sintomi nelle dita, che diventavano bianche e insensibili quando mi lavavo le mani in acqua fredda o quando ero fuori all'aria fredda. La sindrome di

Raynaud è diventata un'opportunità di apprendimento. Non potevo fare un bagno freddo, una cosa che mi piaceva, così passai a docce fredde modificate. Se hai questa sindrome e il tuo medico approva, ci sono alcuni semplici aggiustamenti che puoi apportare per fare le docce fredde.

Se le docce fredde stimolano la sindrome di Raynaud, il trucco è riempire prima la vasca con acqua calda e poi stare in quell'acqua calda mentre si fa la doccia fredda. Una volta completata la doccia, sdraiati nel bagno caldo per riscaldare nuovamente il tronco.

Ho iniziato a prendere sul serio l'infiammazione corporea e ho usato tutta la mia conoscenza e consapevolezza per superare il problema. Mi rendo conto che tutto quello che stavo facendo era profondamente utile e antinfiammatorio: respirazione vagale, meditazione, canti, docce con acqua fredda, una dieta antinfiammatoria, tutti hanno avuto un impatto importante. Praticato costantemente, ecco un protocollo all'avanguardia che può prevenire o ridurre i sintomi dei disturbi infiammatori di Raynaud e associati.

Mantenendo questo protocollo per un po', ho scoperto che potevo fare la doccia fredda senza avvertire i sintomi della sindrome di Raynaud. Se, tuttavia, consumavo della caffeina, i sintomi tornavano. La caffeina, proprio come il tabacco, è un vasocostrittore. Testandolo ancora e ancora, ho trovato una perfetta correlazione tra il consumo di caffeina e l'esperienza dei sintomi di Raynaud da esposizione al freddo.

In genere, ci volevano tre o quattro giorni di astinenza dalla caffeina per non avere più la reazione di Raynaud durante la doccia fredda. Anche caffè e tè decaffeinati potrebbero provocare la reazione, perché non c'è modo di rimuovere completamente la caffeina. E, chissà, nel caffè potevano esserci altre sostanze che non erano adatte al mio corpo.

Dopo diversi anni passati a osservare una rigida routine antinfiammatoria, ora posso bere una tazza di caffè o tè con caffeina e fare una doccia fredda senza la risposta di Raynaud; tuttavia, un bagno freddo può fare comparire i sintomi. Naturalmente, ciò che sto condividendo sulla mia esperienza personale può o non può applicarsi alle condizioni di salute di altre persone, ma la ricerca scientifica dimostra che tutte le pratiche sopra menzionate hanno benefici antinfiammatori e di regolazione immunitaria; quindi spero che le troverai utili quanto lo sono state per me.

Molti dei miei studenti che hanno raccolto la sfida di includere le pratiche TEM nelle loro vite hanno riportato notevoli miglioramenti della salute.

Sospetto che, se ricorri agli strumenti che ti sono stati offerti qui e fai aggiustamenti alla tua dieta, potresti scoprire che la sindrome di Raynaud, così come molti altri disturbi autoimmuni, si attenua o scompare completamente dalla tua vita. Anche per le persone che non riconoscono di avere problemi autoimmuni, questi cambiamenti potrebbero portare a una riduzione o all'eliminazione di scricchiolii articolari, torcicollo e spalle contratte.

Per quanto riguarda le docce fredde, se hai condizioni di salute che ti rendono soggetto a reazioni avverse, prova a farle stando in piedi nell'acqua del bagno calda o tiepida, in modo che, non appena la doccia è completa, tu possa immergerti nel bagno caldo, per riscaldarti rapidamente e aumentare la temperatura interna, il che riporterà il sangue nelle aree malate.

Se la reazione si manifesta in modo così intenso da indurti a escludere anche l'opzione del bagno caldo, potresti trovare utile la seguente modifica al protocollo. Possiamo usare il nostro corpo per l'accumulo termico e impedire la risposta di Raynaud durante la doccia fredda. Il modo per farlo è riempire prima la vasca con acqua calda e fare il bagno finché il corpo non ha accumulato calore.

Una volta che la batteria del corpo è carica di calore, alzati in piedi nell'acqua calda e apri la doccia fredda. In questo modo, scoprirai che il freddo non è così scioccante, perché il tuo corpo irradia un calore notevole. L'energia immagazzinata ti avrà riscaldato il sangue, il che probabilmente impedirà al tuo sistema circolatorio di bloccare il flusso sanguigno alle estremità.

Una volta che hai finito con la doccia, potresti scoprire di essere ancora caldo. In caso contrario, potresti sempre sdraiarti nella vasca da bagno per riscaldarti.

Questo protocollo dovrebbe tenerti al sicuro dalle gravi reazioni di Raynaud, mentre, col tempo, cerchi di migliorare la tua salute. Dopo non molto, potresti scoprire che non hai più bisogno del rituale pre-bagno e, dopo che avrai fatto ancora un po' di pratica, forse ti accorgerai di potere tranquillamente saltare anche il post-bagno.

Altre disabilità

Se soffri di un'altra condizione di salute che impedisce la pratica sicura della doccia fredda, ecco un altro approccio che potrebbe andare bene per te.

Usando il lavandino o un secchio di acqua fredda, bagna un panno e usalo per spargere l'acqua fredda sul tuo corpo. Se, ad esempio, fossi su una sedia a rotelle, potresti toglierti la maglietta, i calzini e arrotolare il fondo dei pantaloni, per esporre la parte inferiore delle gambe. Strofina l'asciugamano bagnato sulle aree esposte, inclusi viso e collo.

Noterai che la salvietta diventa rapidamente calda, a causa del calore corporeo; quindi, mentre ti pulisci il corpo, dovrai bagnarla continuamente con acqua fredda. A ogni applicazione fredda, potresti notare che il tuo sistema nervoso risponde con un po' di tensione. Va bene.

Una volta bagnato il corpo, la sfida sarà lasciarlo asciugare all'aria. L'asciugatura all'aria può far abbassare rapidamente la temperatura corporea; quindi asciugarsi all'aria può essere sconsigliato per le persone che manifestano forti sintomi della sindrome di Raynaud. Qualsiasi sintomo conseguente è un chiaro indicatore della necessità di saltare l'asciugatura all'aria.

Mentre ti asciughi all'aria, probabilmente noterai che i capezzoli si raggrinziscono. C'è da aspettarsi anche un po' di brividi, ma, se i brividi diventano così forti che inizi a battere i denti, asciugati, rimettiti i vestiti e fai quello che puoi per riscaldarti.

Procedendo in questo modo per mesi, è probabile che noterai che, quando il panno freddo tocca la pelle, il tuo corpo è in grado di rilassarsi sempre di più. Non inizierà a tremare così velocemente. Sarai in grado di asciugarti all'aria più a lungo e il tuo corpo si riscalderà più velocemente. Questi sono tutti importanti segnali di miglioramento!

Capitolo 10

Valutazione dei progressi

A questo punto della nostra formazione, noterai poca differenza tra ciò che stiamo facendo noi e ciò che stanno facendo altri entusiasti del freddo. Tutte le forme di allenamento al freddo possono essere utili, se praticate in sicurezza. Man mano che progrediremo, inizierai a vedere una certa, ma critica, divergenza nella metodologia. Tutti gli strumenti di formazione TEM hanno lo scopo di aiutarci a essere lucidi e capaci in ogni momento della nostra vita, il che significa avere sempre una consapevolezza vibrante e meditativa: quello che dovrebbe essere l'obiettivo di un maestro samurai.

Il mindset del samurai

Immagina di essere un guerriero samurai, la cui vita e capacità di servire e proteggere dipende da una consapevolezza costante, anche sotto una pressione tremenda. Supponi di dover attraversare un fiume quasi gelido mentre sei in servizio. Ti tireresti indietro per il freddo? Il tuo respiro diventerebbe spasmodico? Se tu fossi un samurai degno del suo stipendio, no. Se non ti fossi allenato adeguatamente, lotteresti con il fiume, e il tuo signore, vedendo la tua lotta, probabilmente ti rimuoverebbe dall'incarico, perché, mentre trasalisci e respiri spasmodicamente, non sei certo consapevole né puoi svolgere un servizio efficace.

Per addestrare il corpo e la mente a essere meno reattivi, meno inclini a trasalire, i coscienziosi samurai si sono serviti dell'addestramento al freddo: a volte sotto le cascate, ma spesso a casa o sul campo con secchi d'acqua fredda, al risveglio. Il loro scopo non era solo quello di condizionare corpo e mente a essere meno inclini a trasalire, ma anche quello di svegliarsi lucidi e capaci, pronti all'azione.

Uno dei tratti chiave di un maestro samurai era che cercava sempre di misurare le proprie abilità, per essere sicuro delle attuali capacità e condizioni. Onorando questa mentalità, ti fornirò una serie di potenti strumenti per misurare le tue attuali capacità e i tuoi progressi.

È possibile che tu viva la frustrazione che le persone provano quando non sono in grado di vedere progressi evidenti dai loro sforzi, il che potrebbe renderle più inclini a smettere. Se avessi un dispositivo di misurazione che dimostrasse chiaramente il tuo miglioramento, sarebbe molto più probabile che tu continuassi il tuo allenamento.

Il bello del corpo è che non mente. Non importa quanto consapevoli ci piacerebbe immaginare di essere: quando verranno messi sotto pressione, il sistema respiratorio e quello circolatorio ci diranno la verità. Quindi mettiamo da parte il nostro orgoglio e approfittiamo di questo fatto applicando un dispositivo di misurazione al nostro allenamento in acqua fredda, che dimostrerà la capacità del corpo di respirare senza problemi, quando esposto al freddo improvviso.

Misurare il progresso attraverso i suoni primari

Come ho detto nell'introduzione alla Parte III, la chiave per compiere rapidi progressi è stimolare adeguatamente te stesso come individuo. Se cerchi di mantenere il ritmo che potrei consigliarti io, e sei una persona nella media, probabilmente questo ti si addice; ma, se non sei nella norma, tale ritmo, per te, può risultare inappropriato. Piuttosto che tentare di conformarti a un ritmo valido per tutti, dovresti trovare quello che fa esattamente per te.

A questo scopo, possiamo usare i suoni primari. Ecco come funziona: subito prima di entrare nella doccia, fai un respiro completo e inizia a vocalizzare ad alta voce i suoni primari di "Ah" per ottenere una linea di riferimento per la stabilità del suono quando non sei sotto pressione.

Continua a emettere il suono finché i tuoi polmoni non saranno vuoti. Ciò darà un senso generale di quanto a lungo puoi sostenere un suono forte e fluido con un solo respiro, quando non sei sotto pressione.

Assicurati di aprire la bocca abbastanza da far risuonare sufficientemente il suono, ma non emetterlo a un volume tale da infastidire i membri della famiglia. Potresti considerare l'idea di informarli, prima di mettere in pratica questo sistema, in modo da non sorprendere nessuno.

Ora che hai una linea di riferimento per il suono principale, entra nella doccia, fai un altro respiro e inizia a produrre il suono. Apri immediatamente l'acqua e punta il getto in modo che scorra sopra la testa, il petto e la schiena, soprattutto nelle aree più difficili.

Nota qualsiasi oscillazione del suono primario. In genere, i principianti scoprono di non poter mantenere il canto perché i loro polmoni hanno troppi spasmi per produrre un suono controllato. Se sei nuovo alle docce fredde, probabilmente sotto pressione non sarai in grado di produrre il suono esattamente come facevi prima di esporti al getto d'acqua. Non preoccuparti, perché ora sai come vorresti che tornasse a essere la tua capacità attuale, ovvero esattamente com'era prima di iniziare la doccia. Ancora una volta, il tuo respiro riflette la capacità del corpo fisico di rimanere lucido e capace sotto pressione.

Indipendentemente da come, la prima volta, hai usato i suoni primari per valutare la tua capacità, avremo bisogno di miglioramenti. Con questo in mente, ogni giorno cerca di produrre gli stessi suoni corposi e lunghi nella doccia fredda così come facevi prima di farla.

Da questo esercizio noterai che qualsiasi contrazione polmonare può essere facilmente udita e percepita durante il canto. Nota anche che, quando si verificano queste contrazioni, anche se piccole, non sei in grado di produrre il suono così completamente o così a lungo come quando non eri sotto pressione.

Le persone che sono più acclimatate al freddo potrebbero essere in grado di produrre un suono primario, ma non fluidamente come potevano farlo prima della doccia. La pratica dei suoni primari con ogni doccia fredda per un periodo di giorni determinerà, in genere, un evidente miglioramento. Tale miglioramento non è solo nella tua capacità di produrre un suono, ma nella capacità del tuo corpo di gestire lo stress rimanendo consapevole e capace, cosa che ti sarà utile in ogni momento stressante della vita!

Dopo alcune settimane, potresti scoprire di poter creare un suono "Ah" perfetto. La prossima sfida sarebbe provare il suono "Oh". Se riesci a produrre bene anche quel suono, passa al suono "Mmm" e guarda come va. Una volta che tale suono è stato padroneggiato, passa al suono "Eh". Continuando in questo modo, man mano che padroneggi ogni suono, passa al successivo. Dopo Eh, prova i suoni "Uh" e "Ih" per trovare qual è la prossima sfida corretta. Fatti strada attraverso i suoni finché non ti rimane il tuo ultimo suono. Cerca di padroneggiare quel suono. Nel giro di poche settimane o un mese, probabilmente scoprirai che puoi riprodurre in modo impeccabile, o quasi impeccabile, tutti questi suoni sotto una doccia fredda.

Per riassumere: quando si canta, i sottili cambiamenti nel respiro si manifestano nel suono e nella pressione delle nostre contrazioni diaframmatiche, così che possiamo sentirli e percepirli molto più facilmente. Il suono rende evidente ciò che, altrimenti, resterebbe ignoto.

Parte IV

Allenare la mente

Per la stragrande maggioranza di noi, che lo riconosciamo o meno, la mente è l'ostacolo più grande. Con l'allenamento, ti accorgerai presto di quanto la tua mente potrebbe opporre resistenza ai tuoi saggi obiettivi o di quanto spesso ti porti fuori strada tramite impulsi e compulsioni malsane.

Quando prestiamo davvero attenzione a ciò che sta accadendo con i pensieri e le emozioni, non possiamo fare a meno di ammettere che, in realtà, non abbiamo il controllo delle nostre vite. Se facciamo un elenco di tutte le cose salutari che siamo determinati a fare nella nostra vita, potremmo scoprire che, in realtà, perseguiamo solo alcuni di questi obiettivi. Anche realizzare gli obiettivi di un solo giorno può sembrare difficile come mettere ordine nel caos. Oppure, per considerare il problema da un'altra angolazione, potremmo creare un elenco di piaceri malsani che desideriamo evitare, solo per scoprire che i nostri impulsi e compulsioni ci hanno già portato a godere di molti di essi, se non di tutti.

Quando riduciamo lo zoom per avere una visione annuale del nostro modello di vita, potremmo vedere che le scelte di abitudini salutari non sono durate tutto il tempo che avevamo previsto e che stiamo percorrendo una strada sbagliata, diversa dal percorso che avevamo imboccato il primo dell'anno. Forse non ci preoccupiamo nemmeno più di porci degli obiettivi.

Saremmo solo saggi, se ammettessimo che non siamo così responsabili verso la nostra vita come vorremmo pensare di essere. La domanda è: che cosa è responsabile? Nella parte IV iniziamo un'indagine sulla natura di ciò che è responsabile, quando noi non lo siamo. Attraverso la nostra indagine, scopriremo i modi in cui quella forza oppone resistenza ai nostri obiettivi e come affrontare quei tentativi di resistenza. Con alcune abilità di navigazione interiore di base, possiamo guidare la mente a muoversi in direzioni sane, indipendentemente dai pensieri e dai sentimenti che suscita mentre cerca di evitare di fare ciò che è benefico, ma scomodo.

Capitolo 11

Come affrontare il timore

Dopo aver fatto docce fredde mattutine per alcuni giorni, potresti notare un certo grado di resistenza fisica o psicologica nei loro confronti. Per molti principianti di questa pratica, il risveglio mattutino porta con sé il terrore immediato della doccia fredda. Se provi un gemito interiore e un forte desiderio di rigirarti e tornare a dormire, sappi che non sei solo. In effetti, questi sentimenti sono del tutto normali all'inizio del processo.

Per scoprire la vera natura di tali sentimenti, proviamo a cambiare un po' le cose con la nostra doccia fredda, in particolare i tempi. Per i prossimi giorni, fai la doccia fredda in un momento della giornata in cui sei al picco di energia o vicino ad esso. Per capire quando sei più energico, pensa a che ora del giorno sei in genere più in forze, il momento in cui ti senti più attivo.

Nota il grado della tua resistenza mentale e fisica prima di aprire l'acqua. Nota anche il livello di disagio che avverti sotto la doccia e per quanto tempo sei in grado di rimanere nell'acqua fredda rispetto a quando fai la doccia fredda come prima cosa al mattino.

Quello che probabilmente noterai è che, quando il tuo corpo è energico, senti meno resistenza alla doccia fredda. L'esperienza è meno scioccante e tu puoi rimanere più a lungo sotto l'acqua fredda. Questo esperimento dimostra che, quando hai energia, ti senti più motivato e, quindi, sei molto più disposto ad affrontare sfide che ti mettono a disagio. Al contrario, quando il tuo corpo è in uno stato di energia bassa, ti senti meno motivato e sei incline a provare livelli più elevati di resistenza fisica e psicologica di quanto non faresti altrimenti.

Per esemplificare ulteriormente quello che sto dicendo, proviamo un altro esperimento, ma, questa volta, per prima cosa al mattino. Alzati, vai in bagno e riempi la vasca con acqua calda a tuo piacimento. Prenditi cura delle tue necessità in bagno; quindi, quando la vasca è piena, togliti i vestiti ed entra. Rimani nell'acqua calda per cinque o dieci minuti, per alzare completamente la temperatura corporea.

Una volta che il tuo corpo ha accumulato calore, scarica l'acqua, alzati e mettiti sotto il getto della doccia. Gira la manopola sul freddo e guarda come reagisce il tuo corpo. Scommetto che questa doccia fredda è molto più facile di quanto immaginavi. La domanda è: perché?

Potremmo considerare il corpo come una batteria ricaricabile. Quando il corpo è pieno di energia, è più capace di gestire la pressione con pacatezza. Quando la batteria è scarica, il corpo si sente debole e delicato e cercherà istintivamente di evitare pressioni. Le emozioni negative che in molti proviamo, mentre opponiamo resistenza al momento presente, possono spesso essere scacciate, se solo rafforziamo il corpo in certi modi chiave.

Tonificando il sistema nervoso, rafforzando i muscoli del sistema circolatorio, stimolando la generazione di cellule più sane e apportando cambiamenti positivi nel cervello attraverso la neuroplasticità, scopriamo di avere più energia e di essere maggiormente in grado di affrontare pressioni intense senza vacillare. In effetti, la nostra batteria è diventata più grande e più efficiente.

Quindi, questo ci riporta all'esperimento del bagno caldo. Quando hai ricaricato il tuo corpo con acqua calda, il calore ha agito come una sorta di isolamento dal freddo. Se rimanessi al freddo abbastanza a lungo, il tuo corpo sarebbe prosciugato di quel calore extra e la tua temperatura interna inizierebbe a scendere, fino all'ipotermia.

Il punto chiave è che non importa quanto sia forte la batteria del corpo, ci saranno limiti alla sua tolleranza; è quindi saggio muoversi con attenzione all'interno dei limiti del corpo. All'inizio della pratica, l'energia del corpo può essere relativamente debole, rispetto al potenziale che può raggiungere attraverso un regolare allenamento quotidiano.

Tornando alla vita quotidiana, se presti attenzione ai momenti in cui è più probabile che tu ti senta frustrato, noterai che tende ad accadere quando sei un po' affamato o stanco, in uno stato di energia bassa. Tenendo presente questa cosa, uno dei modi più efficaci per ridurre le emozioni negative e il conflitto relazionale spesso susseguente è rafforzare l'energia del corpo.

Naturalmente, anche se ti alleni per avere più energia, di tanto in tanto farai comunque esperienza dei giochi di resistenza della mente, come, del resto, accade a me. Tuttavia, il processo di resistenza della mente può essere un alleato, in quanto ci aiuta a essere consapevoli della nostra energia.

La prima cosa da notare quando sorge la resistenza è la narrazione mentale che l'accompagna. "Odio queste docce fredde. Non voglio entrare". Poi un'altra voce dice: "Sì, ma so che è un bene per me. Dovrei mettermici sotto". Questa voce è contrastata da: "Sì, ma forse potrei saltare oggi e farla domani, invece..."

Nota come una forza interiore mira a fare ciò che è sano e un'altra forza interiore sembra tesa a evitare il disagio. Quando iniziamo ad osservare da vicino le forze interiori, ci rendiamo conto che ce n'è una moltitudine... è una confusione, lì dentro. Prestiamo più attenzione: vogliamo notare quali forze predicono le nostre azioni e inazioni, poiché quelle forze rappresentano i nostri schemi più profondi, molti dei quali potrebbero dover essere ammorbiditi, se vogliamo fare progressi reali.

Ciascuna di queste forze esiste perché esse sono state in qualche modo supportate. Ad esempio, se sosteniamo la forza che dice: "Oggi la salterò e la farò domani, invece", quello che scopriremo presto è che il domani in cui effettivamente faremo la doccia è sempre più difficile da trovare e, in breve, ci troveremo a non accettare più la sfida salutare. Invece, più ci impegniamo con le sfide, meno potere avrà su di noi la forza oppositiva.

All'inizio, però, la forza oppositiva combatterà come una dannata. E combatterà, combatterà e combatterà ancora, finché non esaurirà le energie. Se permettiamo alla mente di restare attaccata a una confortevole inerzia e di dominare le nostre decisioni e azioni, è probabile che, in seguito, ci sentiremo in colpa e perderemo il rispetto di noi stessi. La colpa è un attacco al sé e non è di aiuto. Oppure, invece del senso di colpa, alcune persone potrebbero incolpare il sistema di allenamento, pensando: "Chi è l'idiota che pensa che la tortura dell'acqua sia una valida strategia di miglioramento della vita?"

Ok, forse non hai avuto esattamente quel pensiero, ma è probabile che la tua mente nasconda una narrativa che è inutilmente critica verso di te o verso il metodo di allenamento. La prima cosa da sapere è che la resistenza che senti non è né sbagliata né giusta. Se avvertiamo un'intensa resistenza, è inutile negare ciò che sta effettivamente accadendo. Non stiamo cercando di eseguire alcune azioni "perfettamente" al primo tentativo; stiamo sviluppando la consapevolezza attraverso lo studio personale. Giusto o sbagliato ha poco a che fare con la resistenza. Sii pronto, senza condannarti, a osservare ciò che sta accadendo nel tuo corpo e nella tua mente. E poi continua.

L'allenamento TEM non è semplicemente finalizzato a migliorare la tolleranza al freddo, ma anche a sviluppare la capacità di muoversi con destrezza in mezzo alla miriade di forze inutili che agiscono dentro e intorno a noi ogni giorno. In parole semplici: è utile fare volentieri una doccia fredda ogni mattina, per quanto vergognosi possiamo sentirci in quel momento; allo stesso modo, è utile superare le molte resistenze che il corpo e la mente mettono in campo contro la pratica. È un allenamento fondamentale che migliora notevolmente la qualità della tua vita, consentendoti di muoverti con risoluta consapevolezza in mezzo a tutte le difficoltà della vita quotidiana.

Sebbene riuscire a fare con disinvoltura tali cose sotto pressione richieda del tempo, con la pratica la resistenza si indebolisce. Man mano che la resistenza si indebolisce, la forza della consapevolezza si fa strada dentro di noi, rendendo molto più facile affrontare le sfide che supportano ulteriormente il benessere e la consapevolezza. "Una miriade di forze dentro di noi" potrebbe, a prima vista, sembrare un po' esoterico o misterioso, ma riflette accuratamente ciò che sta realmente accadendo nel nostro cervello, in ogni momento.

Ciascuna della moltitudine di forze di cui ho parlato rappresenta percorsi neurali distinti, ma forse collegati in rete, che si sono connessi in associazione con il nostro modello di vita. Più alimentiamo un percorso neurale accettandolo ed esercitandolo, più il cervello fornisce nutrienti a quel percorso. Al contrario, meno usiamo quel percorso neurale, più il cervello rimuove le risorse da quel percorso per allocarle ad altri.

Il modo fondamentale per rafforzare una forza interiore è identificarci con quella forza. Per chiarire il punto, quando ti prepari per entrare nella doccia e la voce nella tua testa dice: "Oggi la salterò e la farò domani, invece", potresti presumere che la voce fosse la tua. Se dovessi spiegare il fenomeno a un amico, potresti dire: "Stavo progettando di farmi la doccia fredda, poi, proprio mentre stavo per togliermi i vestiti, ho pensato tra me e me: 'Non ho voglia di fare la doccia questa mattina; quindi la farò domani, invece'".

Non appena credi che i pensieri e le emozioni che provi siano te, hai supportato quei percorsi neurali dando loro il nutriente vitale dell'identità. Sii curioso, invece. Prova a fare un esperimento: cosa succede se, invece di identificarti con pensieri e sentimenti, noti semplicemente i pensieri e le sensazioni che il cervello offre continuamente alla tua attenzione? Quei pensieri e sentimenti rappresentano solo i percorsi neurali esistenti, i solchi mentali/emotivi. Non sono te.

Un modo efficace per farsi strada tra questi modelli neurali resistenti o negli attaccamenti a sistemi inutili è rendersi conto che sono semplicemente abitudini cerebrali, che cambieranno con una consapevolezza costante. Nessuna di queste forze rappresenta il sé fondamentale, che esisteva prima dello sviluppo di quelle forze.

Nel tempo, scoprirai che la disidentificazione con pensieri ed emozioni è estremamente utile. Detto questo, la maggior parte di noi, anche se non si identifica consapevolmente con pensieri e sentimenti inutili, a volte soccombe lo stesso alla loro influenza.

Capitolo 12

Fare da mentore alla mente

Pensieri e sentimenti di resistenza possono essere molto persistenti. Per trascenderli con successo, non dovremo evitarli, negarli o combatterli. Il desiderio di evitare, negare o combattere rappresenta una reazione del sistema nervoso simpatico, nota come "risposta di lotta o fuga". Stiamo invece cercando un modo per studiare il nostro funzionamento interno e migliorare le nostre risposte senza dirigere pensieri cattivi verso noi stessi.

La risposta di lotta o fuga è una risposta difensiva del sistema nervoso periferico, coincidente con uno stato di onde cerebrali beta elevate, che rappresenta una disconnessione dalla consapevolezza. La disconnessione è l'antitesi della meditazione e della consapevolezza. La risposta di lotta o fuga innesca l'ansia, disturba la respirazione e provoca infiammazioni nel corpo, il che renderà la tua doccia fredda e la tua vita quotidiana ancora più difficili.

La risposta di lotta o fuga ci porta lontani dalla consapevolezza primaria, non verso di essa. Invece di combattere, negare o evitare i pensieri e le sensazioni, dobbiamo essere saggi e attenuarli. Il segreto per attenuarli è accettare le sfide che oggi ti si presentano, piuttosto che rimandarle a domani, giorno in cui probabilmente le salterai. Ecco come attenuare la resistenza interna.

Quando noti la narrazione, vedi se sembra che sia la tua voce. Se sembra la tua voce, vuol dire che ti sei identificato con i tuoi pensieri ed emozioni, il che significa che pensi che siano te. Fa' una pausa, rilassati e sfoca del tutto la mente.

Una volta rilassato e sfocato, prova a utilizzare il metodo del lavandino che hai imparato nel Capitolo 8. Potresti scoprire di essere in grado di seguire quel metodo perché rappresenta un piacevole passo indietro rispetto alla minaccia della doccia fredda, che la forza interna di resistenza era così concentrata a evitare.

Una volta che il tuo nervo vagale è stato stimolato dal metodo del lavandino, prendi di nuovo in considerazione la doccia. Saresti disposto a bagnarti i piedi? A questo punto, è probabile che lo faresti, perché il tuo corpo si sente già un po' meglio, grazie alla stimolazione vagale. Entra nella doccia e bagnati i piedi, senza pensare ad altro al di là di quello step.

Tieni il getto freddo sui piedi per un po' e poi chiediti se puoi provare a puntare l'acqua verso la parte inferiore delle gambe. Probabilmente scoprirai che puoi. Ora prova la parte superiore delle gambe. Continua finché, alla fine, non raggiungi un punto che semplicemente non sei disposto a oltrepassare. La maggior parte delle persone scoprirà di essere in grado di andare fino in fondo, una volta che si è addentrata di pochi passi nel processo. Se ti trovi davanti a quello che ti sembra un blocco insormontabile, fermati, esci e chiudila lì. Il giorno dopo, fai la stessa cosa e vedi quanto lontano puoi arrivare. È probabile che, entro una settimana o due, potrai fare la doccia completa senza quasi alcuna resistenza da parte della voce interiore.

Il passo successivo nell'affrontare la forza interiore inutile è vedere se ora puoi entrare direttamente nella doccia e accelerare il processo di esposizione all'acqua fredda rendendolo una progressione fluida invece di un processo graduale. Ad esempio, potresti spruzzare l'acqua sui piedi e, senza fermarti, spostarti lentamente verso l'alto fino all'addome e poi alle braccia e al petto. Forse finirai per fermarti prima di arrivare alla testa. Questo è un progresso. Sii grato. Riprova il giorno successivo. In poco tempo, sarai in grado di mettere tutto il corpo sotto il getto dell'acqua.

Se sei perseverante per un periodo di giorni o settimane, ci vorranno solo 10-20 secondi per portare l'acqua alla testa. Una volta arrivato a quel punto, il passo successivo è vedere per quanto tempo puoi rimanere sotto la doccia fredda, facendo attenzione a non superare la tua capacità attuale. Fermati prima che la resistenza diventi troppo forte. Alla fine, perderai l'abitudine agli approcci graduali. Entrerai con decisione nella doccia fredda e immergerai immediatamente il tuo corpo nell'acqua, e ti piacerà.

Il segreto, per quanto riguarda gli approcci graduali, è un po' di slancio nella giusta direzione; per prima cosa, facendo ciò che sai di poter fare in quel momento. Dopo aver eseguito il primo passo, controlla cos'altro sei disposto a fare. Il più delle volte, se inizi con qualcosa di piccolo, scoprirai di essere in grado di fare molto di più di quanto ti aspettassi all'inizio. La ragione di ciò è che, mentre procedi, non stai né alimentando né combattendo la mente oppositiva, ma invece, passo dopo passo, stai permettendo al tuo corpo e al tuo cervello di adattarsi. Come si adattano questi, così fa anche l'atteggiamento.

Il bello di questa strategia contro la resistenza è che funziona bene anche come strategia per guidare i bambini difficili. Se dici a un bambino oppositivo di fare i suoi doveri noiosi, potrebbe esitare e semplicemente non farli. Ma se dici: "Puoi portare fuori la spazzatura o lavare i piatti; scegli!" il più delle volte non oppongono resistenza, perché sentono di poter fare una scelta autonoma.

Offrire una scelta diretta ti mette nella posizione di un mentore, mentre il bambino si sente incoraggiato a scegliere. Questo processo aiuta un bambino oppositivo a costruire nel tempo i percorsi neurali di rispetto, cooperazione, buona comunicazione e responsabilità. Così accade anche quando offri al tuo corpo una scelta per quanto riguarda il percorso per arrivare a fare la doccia fredda, o qualsiasi altra sfida, del resto. Quando il corpo si sente incoraggiato, diventa tuo alleato. A volte, il modo più veloce è il percorso tortuoso.

Capitolo 13

Fare da mentore al corpo

Come abbiamo visto, l'allenamento con la doccia fredda agiterà le forze interiori oppositive. Per progredire con l'allenamento e migliorare la qualità della tua vita, è estremamente utile conoscere le varie forme di resistenza che potresti sperimentare. Tutti avvertono della resistenza; quindi non abbatterti minimamente quando ciò si verifica, poiché stare male per questi sentimenti non aiuta. Sentire della resistenza è naturale, quando rompiamo vecchi schemi malsani e ne forgiamo di nuovi e sani.

Per familiarizzare con le forze di resistenza, durante l'allenamento con la doccia fredda osserva sia la narrazione interiore che le sensazioni del corpo, perché non tutte le resistenze arrivano in forma narrativa. A volte, potremmo non avere alcun dialogo interiore ma sentire comunque resistenza fisica, proprio come il tuo cane potrebbe tentare di resistere a entrare nella vasca, se non è stato adeguatamente abituato a fare il bagno.

Un modo semplice per capire cosa intendo per "resistenza fisica" è ricordare quando, da bambino, hai cercato di fare qualcosa di spaventoso per la prima volta. Ecco un vivido ricordo della mia infanzia, periodo che mi ha donato le lezioni di vita da cui sto ancora imparando. Spero che ti sia d'aiuto.

Quando ero un ragazzino che viveva in campagna, i ragazzi del vicinato si riunivano spesso vicino a un ruscello. I ragazzi più grandi lo saltavano, in un certo punto, ma io avevo sempre paura di farlo. Anche quando ero determinato a saltare e mi precipitavo verso di esso, all'ultimo momento il mio corpo si fermava. Prima di iniziare la corsa c'era un dialogo interiore ("E se non ce la facessi?"), che continuava dopo lo sprint infruttuoso ("Sono così codardo!") ma mai durante il movimento. All'ultimo momento il mio corpo si bloccava, anche se io ero determinato a saltare. Il corpo stesso sembrava aver paura di fare il salto.

Ricordo chiaramente che feci un esperimento relativo al salto nel ruscello, anche se ero così giovane: misurai la larghezza del letto del ruscello con un lungo bastone e poi segnai quella larghezza sul terreno con due bastoncini. Indietreggiai e saltai in tutta sicurezza lo spazio tra di loro, ripetutamente. Da quell'esperimento seppi per certo che avrei potuto saltare il ruscello, ma poi il mio corpo si fermava comunque sulla riva. La paura lo controllava e dovevo trovare un modo per superarla, così che i ragazzi più grandi smettessero di prendermi in giro.

Alla fine, feci quel salto, ma scelsi un tratto più stretto del ruscello che non costituiva una sfida per i ragazzi più grandi, ma lo era per me. Scoprii che il mio corpo saltava quella zona senza molta resistenza. In effetti, mi godevo davvero l'emozione di farlo. Da lì feci progressi e, dopo pochi giorni, riuscii a saltare il punto cui il mio corpo, inizialmente, aveva opposto resistenza.

Abbiamo tutti cose a cui opponiamo resistenza. A volte, dobbiamo mettercela tutta per superare una sfida. Il tempo necessario per affrontarla è meno importante dei continui progressi che facciamo, mentre lavoriamo per raggiungere l'obiettivo.

In definitiva, attraverso un allenamento coscienzioso, creiamo un'alleanza interiore di forze, in modo che, quando avremo un obiettivo "sano", i nostri corpi ci seguiranno, senza opporre resistenza. Quando ciò accade, vediamo tutto con un'incredibile chiarezza e sappiamo di aver stabilito un'alleanza di fiducia con i nostri corpi. I nostri corpi perseguiranno, quindi, i nostri saggi obiettivi anche se il percorso ci creerà disagio.

Ancora una volta, non preoccuparti minimamente se ti occorre molto tempo per arrivare al punto in cui puoi fare una semplice doccia fredda senza resistenza. Riconosci che ciascuno dei micro passi che hai intrapreso lungo il percorso ha messo alla prova il tuo corpo, stimolato il nervo vagale, rafforzato i muscoli delle pareti vascolari e arteriose e costruito cellule più sane con un numero più elevato di mitocondri, il tutto rimodellando il tuo cervello per una maggiore consapevolezza!

Anche con un protocollo graduale, alcuni individui potrebbero opporre una resistenza tale da non poter nemmeno eseguire il metodo del lavandino in un determinato giorno. Per questi individui esiste un approccio ancora più graduale, che generalmente non consiglio agli adulti sani. Questo metodo è quello di entrare nella doccia con l'intenzione di utilizzare prima acqua tiepida, per poi abbassare poco alla volta la temperatura, mentre ti acclimati fisicamente e mentalmente durante la sessione. Nel tempo, sarai in grado di farti docce gradualmente più fredde.

Se non hai narrazioni mentali oppositive, ma senti che il tuo corpo è agitato o riluttante a fare la doccia fredda, potresti affrontarla a tappe, proprio come hai fatto con la resistenza narrativa. Segni di nervosismo possono essere colti nel linguaggio evitante del corpo. Potresti notare che il tuo corpo sembra non voler affrontare la doccia e questa sensazione potrebbe essere presente non appena ti svegli al mattino. Forse la tua mente avverte un certo terrore o timore, che poi crea un desiderio di evitamento, come voler tornare a dormire o forse desiderare di cambiare la routine mattutina, così da rimandare la doccia. Ad esempio, invece di andare per prima cosa in bagno, vai in cucina a preparare una tazza di tè o caffè. Queste sono tutte strategie di evitamento volte a rimandare ciò che sai essere utile ma scomodo.

Quando noti sensazioni di evitamento o di iperattività, non importa quanto lievi siano i sintomi, anche se non ci siano narrazioni mentali, hai due scelte costruttive: per prima cosa, vivi per un momento la sensazione, semplicemente, per sentire la sua presenza; quindi sfoca la mente e medita per calmare la consapevolezza. Per ottenere questa calma consapevolezza, puoi usare la respirazione vagale come viene insegnata nel Capitolo 2. Una volta calmo e centrato nella consapevolezza, entra in contatto con l'energia o la forza dentro di te che sente l'amore incondizionato e vuole che tu diventi più forte, più sano e più consapevole. Quella forza è totalmente distinta da quella che tende soprattutto al piacere e al comfort.

Una volta entrato in contatto con questa benevola forza interiore, chiediti se per te sia meglio fare, oppure non fare, una doccia fredda. Se puoi attingere alla benevolenza, a quella forza che mira a realizzare il tuo pieno potenziale come essere umano, saprai se stai inconsciamente cercando di sfuggire al disagio o se, quel giorno, c'è in effetti un motivo valido per saltare o rimandare la doccia.

In alcuni giorni potresti sentirti incapace di entrare in contatto con l'energia che ti ama. A volte, anche quando riuscirai a stabilire quella connessione cosciente, la sensazione di riluttanza non sarà alleviata. In effetti, questo è successo a me la mattina stessa in cui ho scritto questa frase. Mi sono svegliato non sentendomi molto bene fisicamente. Il corpo era debole, persino delicato.

Ho meditato per ottenere la chiarezza, ma sentivo ancora la riluttanza. Sapevo che, se necessario, sarei stato in grado di guadare un fiume ghiacciato ed essere comunque consapevole; ma, considerando che non ce n'era bisogno, per il bene della mia salute fisica mi è sembrato più opportuno saltare la doccia.

Insegno le meditazioni guidate quotidiane TEM online a migliaia di persone ogni mattina per quindici minuti. La lezione si stava avvicinando rapidamente, quindi decisi di rimandare la doccia e vedere come il mio corpo si sarebbe sentito dopo la sessione.

Al termine della sessione, mi sedetti in uno stato meditativo, sentendo ancora la riluttanza. Mi resi conto che avrei dovuto trovare un approccio ancora più delicato, se volevo che il mio corpo facesse la doccia fredda, quel giorno. La mia regola generale è di non costringere il corpo a fare le cose, soprattutto se non si sente in salute. Farlo sfiderebbe la fiducia e, alla fine, potrebbe portare a una maggiore resistenza fisica in altre aree della mia vita. La fiducia non dovrebbe essere tradita.

Seguii vari approcci graduali, per capire cosa provava il mio corpo nei confronti di ciascuno di essi. Approccio dal basso all'alto: no. Metodo del lavandino: no. Graduale da caldo a freddo: no.

Non avevo mai avuto bisogno di un approccio più graduale delle opzioni sopra menzionate. Chiaramente, quel giorno il mio corpo aveva bisogno di qualcosa di ancora più gentile.

Un attimo dopo mi venne in mente l'immagine di riempire la vasca con acqua calda e poi iniziare la doccia con acqua calda, che, mai così gradualmente, avrei poi fatto diventare fredda. La resistenza scomparve.

Non importa da quanto tempo pratichi, non importa quanto in generale il tuo corpo e la tua mente siano sani: potrebbero esserci ancora giorni in cui il corpo non si sente abbastanza sano per affrontare il freddo. Costringerlo, in quei giorni, potrebbe spingere oltre il limite un sistema immunitario già stressato, portando a una successiva malattia.

Invece di insistere, in quei giorni, prova a combinare i vari approcci graduali, per vedere che cosa il tuo corpo accetterà. Nel mio caso, per esempio, quando mi è venuto in mente l'approccio giusto, il mio corpo ha lasciato andare la riluttanza ed è entrato facilmente sotto la doccia, godendone. Una volta finita la doccia, ho sentito che il mio corpo stava incommensurabilmente meglio. Un giorno in cui il letargo avrebbe portato a una produttività minima o nulla si è trasformato in una giornata altamente produttiva per la scrittura. Sii creativo e prova a negoziare, per scoprire cosa può fare il tuo corpo, quando le opzioni normali incontrano troppa resistenza. In questo modo, probabilmente troverai una via da seguire.

Capitolo 14

Il potere di un respiro

Il dojo del mio insegnante in Giappone si chiama Ikkokukan, che si traduce in italiano come "la scuola di un respiro". Quando iniziai ad allenarmi lì, non feci caso al nome, perché ero solo interessato alla formazione tecnica. Dopo essere maturato grazie al training, chiesi al mio insegnante il perché del nome.

A quanto pare, la sua scelta di Ikkokukan aveva molte ragioni profonde. Tra queste, una è fondamentale per il tipo di istruzione fornito con questo libro. Vorrei condividere questo significato con te, qui.

Scelse il nome Ikkokukan perché gli ricordava che la vita non risiede nel passato o nel futuro, ma nell'unico respiro, preso in prestito, che sperimentiamo in questo momento. La nostra vita fisica termina con l'espirazione finale. Sentiva che il nome rappresentava l'essenza delle arti marziali, che viene rivelata attraverso la vibrante consapevolezza presente.

Le sue parole mi ricordarono l'insegnamento del Bushido, il codice del guerriero, riguardo al prendere decisioni. L'idea di base è che, quando qualcuno si prefigge un obiettivo o sta per prendere una decisione, deve agire positivamente e immediatamente in base a quell'obiettivo, o decisione, perché si concretizzi nel mondo. La distanza tra una decisione e un'azione non dovrebbe essere più lunga di un respiro. Se una persona rimanda l'azione oltre il tempo necessario per un unico respiro, di solito significa che non verrà intrapresa un'azione produttiva.

Iniziai a riflettere sulla storia dei miei obiettivi e mi resi conto che avevo una solida esperienza nel raggiungimento degli obiettivi che mi prefissavo; quindi pensai che, molto probabilmente, facevo qualcosa di giusto. Stavo inconsapevolmente seguendo il principio dell'unico respiro nella mia vita quotidiana, agendo sempre immediatamente sulla base delle mie decisioni, di solito annotandomele su un taccuino tascabile che portavo sempre con me.

Ecco cosa accadeva di solito: dentro di me sorgeva un'ispirazione, spesso durante la mia giornata lavorativa densa di impegni. Poiché temevo di non essere in grado di ricordare quell'ispirazione entro la fine della giornata, avevo iniziato a portare con me un taccuino tascabile e una penna ovunque andassi.

La maggior parte delle volte, prendevo appunti sulla mia pratica di arti marziali e sugli esperimenti che volevo eseguire nei miei studi marziali. Ogni volta che mi veniva un'idea, interrompevo immediatamente per un momento quello che stavo facendo, se possibile, e scrivevo una o due parole che me la ricordassero in seguito, quando avessi controllato il mio taccuino. Più tardi, di solito quando ero sul treno, se era necessario scrivevo più dettagli, in modo che, quando poi avrei letto gli appunti, avrei capito cosa volevo dire.

Di tanto in tanto, riaprivo i miei vecchi taccuini e vedevo gli scopi e gli obiettivi che vi avevo annotato e mi stupivo di tutti i progressi che avevo fatto. Non mi era venuto in mente che scrivere solo poche parole potesse contribuire a concretizzare l'obiettivo nel mondo, ma, in retrospettiva, sento che quelle annotazioni hanno fatto esattamente questo. Annotare l'ispirazione che proveniva dal subconscio sembrava allineare la mia mente conscia con la mente subconscia, preparando l'intero corpo all'esecuzione.

Se non ti senti in grado di scrivere immediatamente qualcosa, ricorda che la chiave del principio dell'unico respiro è che, non appena prendi una decisione, devi fare un'azione positiva in quel senso. Ciò significa che potresti intraprendere un'azione positiva semplicemente preparandoti a scrivere.

Ad esempio, quando ero un insegnante di scuola media, spesso veniva fuori qualcosa, mentre insegnavo in una classe. Se in quel momento non era possibile annotarlo, tiravo semplicemente fuori il taccuino e lo tenevo in mano o lo posizionavo sulla cattedra: era un messaggio a me stesso per ricordarmi di scrivere alla successiva occasione disponibile. Il semplice fatto di estrarre il taccuino era sufficiente per garantire che avrei messo tutto per iscritto, e ciò avrebbe assicurato un'esecuzione completa in seguito.

Certo, alcune persone sono fortemente contrarie alla scrittura. Se per te è così, registra i tuoi pensieri usando lo smartphone o un registratore tascabile. Il punto chiave è agire senza indugio. L'azione immediata indebolirà rapidamente l'abitudine di procrastinare e ti condurrà a una vita più coinvolgente.

Forse ti starai chiedendo come funzioni la teoria dell'unico respiro con il tipo di allenamento descritto in questo libro. Come potresti aver sperimentato dal tuo allenamento con le docce fredde quotidiane, la mente ti farà una quantità di giochetti per allungare i tempi tra il pensare alla doccia e il farla. Se osservi la tua vita, noterai come entrino in gioco le stesse tattiche di ritardo, quando ti proponi di fare qualcosa di utile che mette fortemente alla prova la tua zona di comfort.

Poiché quelle sane sfide potenzialmente ti trasformano la vita, trovare la capacità di fissare un obiettivo e avanzare senza indugio verso di esso è cruciale per la potenziale trasformazione. Mentre sblocchi ripetutamente le porte interne con quella chiave magica, si determinerà uno slancio psicologico che, in seguito, renderà sempre più facile intraprendere azioni più grandi e anche più vantaggiose.

Supponi, ad esempio, che tu voglia chiedere un appuntamento a una certa persona, ma che tu sia troppo nervoso per farlo. Pensarci di più provocherà un'ansia ancora maggiore. Sarebbe meglio rivolgersi immediatamente alla persona con onestà, dicendo qualcosa del tipo: "Mi sento così nervoso a parlare con te, ma voglio conoscerti meglio. Ti piacerebbe prendere un caffè con me dopo il lavoro?"

A meno che la persona non sia estremamente sgradevole o narcisista, rispetterà almeno la tua onestà, perché sappiamo tutti quanto possa essere imbarazzante chiedere a qualcuno di uscire. L'onestà nuda e cruda è una boccata di aria fresca e metterà a proprio agio la maggior parte delle persone.

Se sei all'appuntamento e scopri di non sapere cosa dire, invece di continuare a ripeterti nella mente che non sai cosa dire, potresti semplicemente rivelare la verità: "Non so cosa dire, ma mi piacerebbe conoscerti meglio. Mi chiedo se tu ti sia mai sentita così prima". Tutti si sono sentiti così, in un momento della loro vita. Mostrando onestamente i tuoi sentimenti, hai dimostrato coraggio e, allo stesso tempo, hai creato l'opportunità perfetta per la persona di aprirsi in un momento in cui si sentiva a disagio, proprio come te. Come per magia, vi state conoscendo.

Tutto quello che hai è un unico respiro. In verità, non hai nemmeno quello, perché il tuo respiro è preso in prestito. Se hai intenzione di fare qualcosa di utile nella vita, dovrai agire con quell'unico respiro preso in prestito. Aspettare più di un respiro vuol dire perdersi la vita.

Parte V

Training di meditazione

Poiché il nostro scopo è muoverci verso una sempre maggiore consapevolezza nella nostra vita quotidiana, è essenziale che impariamo una forma di meditazione che si fondi bene con le nostre attività quotidiane e che possa resistere alle pressioni del nostro training. In definitiva, il nostro scopo è includere i principi della meditazione, il cui risultato è una consapevolezza incrollabile.

È facile presumere che le sfide alla meditazione e alla consapevolezza siano meramente mentali ed emotive, ma, quando iniziamo a mettere sotto pressione le nostre capacità meditative, scopriamo rapidamente che gli impedimenti mentali ed emotivi sono solo una piccola parte della sfida reale. Il fatto è che una parte significativa delle sfide da affrontare lungo il percorso meditativo riguarda la nostra salute fisica, in particolare quella del sistema nervoso simpatico. Per includere la consapevolezza meditativa, dobbiamo individuare gli impedimenti fisici che possono far sì che il sistema nervoso simpatico passi alla modalità di lotta o fuga. Quando il sistema nervoso simpatico è attivo, la consapevolezza meditativa è lontanissima dalla nostra esperienza. Poiché la meditazione tradizionale si concentra sulla creazione di una situazione di meditazione ideale, raramente, se non mai, questi metodi sfidano i nostri impedimenti. Per padroneggiare qualsiasi cosa, dobbiamo consapevolmente far sentire noi stessi a disagio, nel tentativo di andare oltre la gamma delle nostre attuali capacità. Per sviluppare le capacità del corpo fisico, dobbiamo affrontare le sfide fisiche durante la meditazione.

Naturalmente, le prime volte che meditiamo, ha senso limitare un po' la sfida, perché è già abbastanza impegnativo anche solo sedersi e non fare nulla mentre si è svegli. Detto questo, entro poche sessioni dall'inizio della meditazione, dobbiamo iniziare ad aumentare la sfida. Se non lo facciamo, vuol dire che ci sta sfuggendo il senso della pratica.

Se non sfidiamo progressivamente le nostre capacità, facciamo diminuire le nostre possibilità di includere la consapevolezza meditativa, perché le convinzioni limitanti possono intrappolarci nella meditazione sedentaria. Finché diamo per scontato che non possiamo, ad esempio, muoverci o parlare durante la meditazione, non potremo mai sfuggire a questa convinzione limitante. Essere eccessivamente a nostro agio ci rende deboli sotto tutti gli aspetti; quindi è saggio mettere alla prova la nostra capacità di meditare in situazioni scomode. Nella parte V, sfideremo la nostra consapevolezza, mirando a rimanere meditativamente consapevoli nonostante il disagio, utilizzando varie attività e giochi che ci aiuteranno a includere la consapevolezza nella nostra vita quotidiana attiva.

Capitolo 15

Meditazione TEM di base

Dopo esserti allenato per alcune settimane o un mese con docce fredde quotidiane, probabilmente scoprirai di poter emettere tutti i suoni primari A, E, I, O, U, M e N senza troppe difficoltà. Potresti ancora avere alcune contrazioni polmonari minori, ma, più o meno, riuscirai a fare tutti i suoni in modo accettabile.

Una volta arrivato a questo punto, è il momento di iniziare una potente pratica meditativa che possa fondersi con la tua vita quotidiana attiva. Prima di arrivarci, tuttavia, abbiamo bisogno di capire essenzialmente cosa sia la meditazione e come sia diversa dal nostro abituale stato mentale.

Il cervello emette varie onde cerebrali distinte, che rappresentano gli stati del sistema nervoso. Gli stati che sperimentiamo più spesso sono beta, alfa, theta e delta. Due di questi stati si verificano principalmente durante il sonno, vale a dire theta e delta. Un altro stato, gamma, viene riscontrato principalmente nei meditatori avanzati.

Durante la nostra vita quotidiana, il cervello ospita di solito i primi due stati primari delle onde cerebrali. Lo stato che proviamo in un dato momento dipende dalla condizione psicologica della persona e dall'attività che l'individuo sta svolgendo. Per chiarire, spiegherò prima lo stato di maggiore concentrazione, perché è quello in cui le persone normali per lo più vivono durante il giorno. Una volta che avremo una comprensione di questo stato focalizzato, lo useremo come base per spiegare gli altri stati.

Se ti è mai capitato di vedere un gatto che insegue un topo, potresti aver notato che l'intero corpo del gatto è concentrato sul bersaglio. Durante questo periodo, l'attenzione del gatto si concentra esclusivamente su di esso. Contrariamente a quanto si potrebbe supporre, quando si apposta, il gatto, come tutti i predatori, è più vulnerabile. Durante l'appostamento, i predatori sono così concentrati su quell'attività che sono quasi totalmente ignari di tutto ciò che accade intorno a loro. Se aspetti che il gatto sia davvero concentrato sull'appostamento, fintanto che sei tranquillo puoi effettivamente avvicinarti ad esso e toccarlo prima che si accorga che ti trovi lì. È bene che tu sappia che il gatto non sarà molto contento del tuo comportamento.

Se presti attenzione alla tua vita, quando lavori per uno scopo, qualcosa o qualcuno che si metta in mezzo potrebbe infastidirti o frustrarti. La frustrazione esplode perché la tua mente si è concentrata sull'esclusione, come se fossi un predatore che insegue la preda. In tali momenti, qualsiasi cosa o chiunque ci interrompa viene immediatamente visto come un ostacolo. Se lasciamo che il lampo di emozione iniziale si esprima, potremmo dire o fare qualcosa di inappropriato.

Lo stato di predazione delle onde cerebrali è rappresentato dall'onda beta focalizzata. Noi esseri umani moderni, nel complesso, non siamo consapevoli di come si faccia un appostamento a un animale, ma sappiamo molto bene come ci si sente a concentrare la nostra attenzione su un compito specifico, escludendo tutto il resto.

L'onda beta ci aiuta a concentrarci, ma non è uno stato sano in cui permanere per lungo tempo. Certamente non dovrebbe essere la modalità predefinita in cui viviamo le nostre vite. A causa del nostro stile di vita frenetico, tuttavia, la beta è diventata lo stato predefinito delle onde cerebrali dei nostri giorni, perché ci viene insegnato fin dalla prima infanzia a prestare sempre attenzione e a concentrarci sull'esclusione per lunghi periodi di tempo.

Mantenere l'onda beta per troppo tempo porta all'ansia e alla risposta di lotta o fuga, ugualmente associata a un'onda cerebrale beta. Quando si attiva la risposta di lotta o fuga, significa che il tuo corpo sta vivendo il tipo di ansia probabilmente sperimentato da una creatura-preda, come un topo, quando percepisce nell'aria l'odore di un gatto. Sebbene l'ansia che proviamo non sia così intensa e acuta come quella di un topo che annusa un gatto, è comunque gravosa per il corpo e il cervello.

Quando sentiamo ansia e stress, il nostro sistema nervoso è in modalità preda, uno stato di onde beta elevate, che è uno stato altamente malsano da sostenere per lunghi periodi di tempo. Oggigiorno, grandi percentuali di persone vivono in uno stato di ansia quasi costante o cronico, che può, col tempo, portare a dolore infiammatorio, nausea, malattia e depressione.

Gli esseri umani, come altri animali che cacciano, si sono evoluti sotto la pressione della predazione; abbiamo quindi il potenziale per sperimentare sia la modalità "predatore" che quella "preda". Attiviamo la modalità predatore dell'onda beta durante le intense occupazioni focalizzate della nostra giornata, anche se potremmo non aver mai inseguito un animale in vita nostra. Ironicamente, passiamo anche alla modalità preda, anch'essa uno stato di onde beta, quando la nostra attenzione focalizzata dura troppo a lungo, causandoci stress, o quando una scadenza sembra essere troppo vicina. Così, molti di noi uomini moderni rimbalzano dalla modalità predatore a quella preda più e più volte per tutta la vita quotidiana: stati di onde beta. È estenuante.

Se stiamo vivendo una vita equilibrata, quando il nostro cervello si stanca ci permetteremo di fermarci e riposarci per un po'. Quando ciò accade, l'onda cerebrale passa da beta ad alfa e il corpo passa alla modalità "riposo e digestione" del sistema nervoso parasimpatico. Durante questa modalità, il corpo risparmia energia e si riprende. Dopo un po' di recupero, possiamo tornare a concentrarci sui nostri compiti per qualche tempo.

Gli esseri umani, se vivono una vita sana, raramente entrano nello stato di modalità preda, che causa ansia. Quando entrano in modalità preda, di solito è per un ottimo motivo e non dura a lungo. Quando le nostre vite si squilibrano, l'ansia di lotta o fuga può iniziare a insinuarsi in ogni momento, mettendoci sulla difensiva e portando al ritiro in se stessi o all'aggressività per ragioni apparentemente insignificanti.

Per la maggior parte delle persone, i tre stati—concentrazione, riposo e ansia – si avvicendano in ogni giorno della vita, almeno in una certa misura. Per la maggior parte di noi, questi tre stati sono tutto ciò che conosciamo. C'è ancora un altro stato a cui possiamo accedere, ma che poche persone sperimentano: questo è ciò che io chiamo "alfa cosciente".

La consapevolezza meditativa consente l'accesso a uno stato cosciente di onde alfa. Facendo un po' di pratica con il Metodo di inclusione totale, possiamo imparare a essere meditativamente consapevoli anche mentre siamo attivi. Era questo uno dei segreti del maestro samurai. Tra i modi più semplici per iniziare ad accedere all'alfa cosciente durante le attività vi è quello di usare opportunamente gli occhi e l'attenzione.

Immagina di essere sul campo di battaglia, circondato da avversari che mirano a ucciderti. Se focalizzi gli occhi e l'attenzione come un predatore, probabilmente verrai ucciso dagli avversari che sono ai tuoi fianchi o dietro di te. Se entri nella modalità difensiva delle specie-preda, sarai pieno di ansia e facilmente eliminato. Per sopravvivere, devi trovare un altro modo che non sia né quello del predatore né quello della preda. Potresti non trovarti mai sul campo di battaglia, circondato da avversari, ma di sicuro quotidianamente proverai dei conflitti mentali.

La natura maniacale della mente si agita per il fatto di non avere abbastanza attenzione o di averne troppa, di non avere un lavoro o di averlo, di non avere abbastanza soldi o di averne troppi, di essere single o di essere sposati, di avere problemi con i figli o di non avere figli, e poi si agita sul futuro, sul passato, eccetera. L'elenco può andare avanti all'infinito. Proprio come sul campo di battaglia, non importa da che parte ci voltiamo, c'è sempre qualcosa che ci salta addosso, mantenendoci in uno stato di ansia.

La risposta più utile a queste ansie è spostare il cervello verso uno stato che non sia disturbato da preoccupazioni inutili, ma che possa intraprendere azioni costruttive laddove sia utile. Non puoi fare in modo che i tuoi colleghi si comportino bene o facciano meglio il loro lavoro, né puoi cambiare il comportamento del tuo capo; ma, se riesci a passare a uno stato cosciente di onde alfa, puoi intraprendere un'azione decisiva, quando è il momento giusto.

Meditazione di consapevolezza visiva

Inizialmente potremo praticare questa meditazione in una stanza tranquilla, dove non saremo disturbati. Una volta che ne avremo un'idea di base, il che non dovrebbe richiedere più di una sessione o due, possiamo estendere la pratica ad altri ambienti.

Imposta un timer di 15 minuti, in modo da non dover pensare al tempo durante la pratica della meditazione. A scopo esplicativo, supponiamo che tu stia praticando questa meditazione nella tua camera da letto.

Senza assumere alcuna posizione particolare, siediti comodamente con gli occhi aperti. Sfoca la mente e guarda dritto davanti a te, con l'obiettivo di vedere l'intero campo visivo.

Per essere sicuro di vedere l'intero campo visivo, prendi nota mentalmente di un punto di riferimento sul lato destro, senza muovere gli occhi, ad esempio un oggetto o un punto sul muro che segna il bordo esterno del tuo campo visivo. Una volta che hai notato quell'oggetto o luogo, fai la stessa cosa con il lato sinistro, prendendo nota di ciò che riesci a scorgere mentre guardi dritto davanti a te. Infine, nota i punti più in alto e più in basso.

La forma generale del nostro campo visivo è binoculare. Per la persona normale, il range del campo orizzontale è di circa 180 gradi, mentre il range verticale è di circa 90 gradi. Le persone con danni al cervello o agli occhi possono vedere di meno. Se il tuo campo visivo ha un'ampiezza inferiore, e non hai finora sospettato di avere un problema di salute relativo agli occhi o al cervello, è meglio che consulti il tuo medico. Per gli scopi della nostra meditazione, tuttavia, è importante solo notare quali sono i tuoi limiti visivi personali e, quindi, essere consapevole del campo totale che puoi percepire.

Questi quattro indicatori mentali servono a ricordarti di essere ampiamente consapevole e a dissuaderti dal tornare all'abituale visione focalizzata. Manterremo anche la mente non concentrata. Vogliamo guidarla, affinché non tenti di identificare gli oggetti all'interno del campo visivo.

L'abitudine di identificare può essere forte per i principianti, la cui mente tende a dare un nome a tutto ciò che cattura l'attenzione: "TV", "orologio", "vernice scheggiata", eccetera. Ogni volta che la tua mente fa un'identificazione, rilassati un po' di più e torna alla consapevolezza visiva totale. Facendo pratica in questo modo per qualche settimana, la mente lascia rapidamente andare la tendenza a concentrarsi e a identificare, almeno durante la meditazione.

Se riesci a rimanere consapevole del campo visivo totale e a rilassarti, il cervello emetterà presto un'onda alfa cosciente, il che indica che sei in uno stato di meditazione. Quando sei in alfa cosciente, il tuo corpo e il tuo cervello conserveranno energia e si riprenderanno dallo stress creato dall'abituale stato focalizzato di onde beta, che stimola l'ansia.

L'obiettivo della tua pratica iniziale è rimanere in una consapevolezza rilassata dell'intero campo visivo per 15 minuti. Se noti che la tua mente continua a cercare di concentrarsi o se vaga, rilassati e restituisci la consapevolezza al contenuto del campo visivo totale. Fa' attenzione a non sporgere gli occhi, tuttavia, poiché ciò provocherà probabilmente tensione al collo e alle spalle e, forse, mal di testa. Oltre a rilassare gli occhi, assicurati di rilassare le labbra, la mascella, il collo, le spalle, le mani e il respiro.

Potresti essere sorpreso di scoprire che il campo visivo totale che stai vedendo è il campo che i tuoi occhi vedono in ogni momento, ma che il tuo cervello esclude selettivamente dalla tua memoria accessibile. Di solito la tua consapevolezza visiva è limitata principalmente a ciò che il cervello trova interessante.

Dopo 15 minuti di meditazione di consapevolezza visiva da seduto, è ora di iniziare a metterti alla prova. Potresti prima provare a guardarti intorno con gli occhi sfocati. Potresti quindi provare a muovere un braccio o una gamba. Se riesci a rimanere consapevole perifericamente, prova ad alzarti e sederti di nuovo. Prova a camminare. Nell'eseguire tutte queste attività, mantieni la mente e gli occhi sfocati.

In poco tempo, ti renderai conto che puoi rimanere in meditazione e muoverti liberamente. Nelle sessioni di pratica iniziali, probabilmente sembrerai e ti sentirai un po' a disagio. Ti sembrerà forse di essere uscito dall'apocalisse degli zombi che così tante persone temono, alla fine dei giorni! Scherzi a parte, con la pratica sarai presto in grado di camminare normalmente, anche essendo perifericamente consapevole... uno zombi invisibile, se vuoi.

Dato che stiamo praticando una meditazione visiva che dipende dalla visione periferica, prendiamo nota delle differenze tra visione foveale (focalizzata) e visione periferica (sfocata). Potresti notare che la visione foveale è una visione ricca di colori ad alta definizione, mentre la visione periferica è molto più bassa in definizione e carente di colore.

Soprattutto, dirigi la tua consapevolezza verso la sensazione creata nel corpo dalla visione foveale e paragonala a quella creata dalla visione periferica. La visione foveale crea tensione fisica, mentre la visione periferica rilassa il corpo. Se hai avvertito tale cambiamento, significa che hai notato la differenza tra le onde cerebrali beta e quelle alfa!

Il vantaggio della visione focalizzata consiste nella possibilità di vedere più colori e dettagli di quelli che riesci a notare quando usi la visione periferica. Lo svantaggio della visione foveale, a parte la tensione che crea, è che è insensibile al movimento e porta a una quasi totale mancanza di consapevolezza di ciò che accade appena fuori dalla linea di messa a fuoco.

Per ottenere un'esperienza impattante su come funziona la visione foveale, digita "Test di attenzione selettiva" nel browser e goditi il video. Avviso spoiler: non leggere oltre questo punto, se non vuoi rovinarti l'esperienza del video.

Spero che il video ti sia piaciuto. Se la prima volta non hai capito bene, non preoccuparti, perché la stragrande maggioranza delle persone non ci riesce. In ogni caso, l'esperimento dimostra quanto il cervello sia cieco alle informazioni provenienti dall'ambiente circostante, quando usiamo la visione foveale.

Un altro esempio della cecità della visione foveale si verifica quando leggi. Mentre leggi, nota come sei quasi completamente inconsapevole di ciò che accade oltre la pagina, a meno che tu non faccia uno sforzo concertato per vedere cosa sta succedendo oltre il testo. Potresti anche osservare che, quando fai uno sforzo concertato per estendere la consapevolezza oltre la pagina, non sei più in grado di leggere. Oppure, se riesci effettivamente a distinguere le parole, sei molto meno in grado di comprendere e ricordare il contenuto di quanto non lo saresti concentrandoti solo sulla lettura. Con la pratica, alla fine sarai in grado di leggere, comprendere appieno e vedere l'intera stanza in modo naturale.

Sebbene la visione periferica sia carente di colore e priva di dettagli, ci fornisce una consapevolezza del nostro ambiente ed è molto più sensibile al movimento e alle sfumature rispetto alla visione foveale, ricca di colori. Questi vantaggi riflettono l'emisfero del cervello attraverso il quale vengono elaborati. Per la maggior parte delle persone destrorse, la visione focalizzata viene elaborata nell'emisfero sinistro, che è principalmente dedicato all'identità e al pensiero, mentre la visione periferica viene elaborata nell'emisfero destro, che è principalmente dedicato a sentimenti, emozioni e consapevolezza. Per i mancini, gli emisferi sono invertiti.

Tornando alla meditazione, è importante ricordare che, per migliorare la qualità della vita, la perseveranza è essenziale. Con una pratica di meditazione quotidiana attiva, scoprirai che gli stimoli che ti facevano uscire facilmente dall'alfa cosciente perderanno la loro presa su di te. Altre sfide eserciteranno su di te un fascino distrattivo minore. Questi sono grandi segni di progresso.

Meditare sotto pressione

Nota: per sicurezza, imposta sempre un timer di 10 minuti, per ricordarti di uscire prima che inizi l'ipotermia.
 Dopo pochi giorni dall'inizio della tua pratica di alfa cosciente attraverso la meditazione della consapevolezza visiva, inizia a mettere alla prova le tue capacità meditative sotto la doccia fredda. Per farlo, prima di entrare in bagno, entra in uno stato meditativo tramite la meditazione della consapevolezza visiva.
 Mantieni vista e mente sfocate mentre ti muovi e ti togli i vestiti. Rilassa il corpo e la mente in profondità, senza pensare alla doccia. Se puoi, entra nella doccia senza pensare all'acqua fredda. Prima di iniziare la doccia, assicurati di essere ancora in stato meditativo. Vedi se riesci ad aprire l'acqua mantenendo il rilassamento fisico e mentale. Tieni gli occhi sfocati.
 Se, quando guardi la manopola della doccia, ti accorgi di avere mente o corpo tesi per il timore di ciò che ti aspetta, allora sai che è la paura e l'anticipazione del disagio che ti hanno tirato fuori dalla consapevolezza primaria. A questo punto, osserva semplicemente ciò che fa la mente. Non c'è niente di speciale che devi fare contro la tensione, se non rilassare il corpo e sfocare di nuovo la mente mentre guardi la manopola della doccia.
 Una volta rilassato, inizia la doccia dirigendo il flusso di acqua fredda verso i piedi, seguendo l'approccio graduale che abbiamo visto nel Capitolo 8. Ogni volta che senti che la tua meditazione si interrompe o si indebolisce, allontana il soffione della doccia e torna alla meditazione, prima di riprendere il processo graduale. Procedi sempre più verso l'alto, rimanendo in meditazione.
 La vera sfida sarà quando il soffione della doccia ti spruzzerà acqua fredda sul viso, perché in quel momento dovrai chiudere gli occhi. La tentazione sarà quella di concentrare la mente sulla zona del corpo più stimolata dall'acqua, il punto in cui avverti più fastidio. Concentrarti su quell'area ti fare uscire dalla meditazione in un istante. Ricorda di rilassarti il più possibile e di rimanere mentalmente sfocato.
 In generale, quando si riesce a emettere tutti i suoni sotto la doccia fredda, di solito si riesce anche a completarla restando consapevolmente meditativi.

Se proprio non sei al punto nel quale puoi rimanere in meditazione mentre ti fai una doccia fredda completa, non preoccuparti, perché non è una gara. Ci arriverai con un po' più di pratica.

Che tu sia riuscito o no a restare in meditazione mentre eri sotto la doccia, assicurati di essere in alfa cosciente (consapevolezza meditativa) quando ne esci. Asciugati e vestiti mentre mediti. Esci dal bagno e guarda per quanto tempo riesci a svolgere le tue attività quotidiane restando consapevole.

Capitolo 16

Consapevolezza sferica

La consapevolezza era una delle qualità essenziali di un maestro samurai: questi considerava ogni momento della sua vita come un'opportunità per allenare la consapevolezza, in modo che essa fosse costantemente presente. Il suo scopo era far sì che la consapevolezza fosse i suoi occhi, le sue mani, i suoi piedi, la sua spada e il suo scudo, il suo cuore. Non era soddisfatto finché la consapevolezza non era presente mentre mangiava, mentre urinava, mentre conversava, durante il sonno, durante il sesso: in ogni momento.

Raggiungere un tale grado di consapevolezza sembra essere un duro lavoro. Se l'allenamento è adeguato, è certamente impegnativo, ma non c'è mai un momento di noia. Una volta che avrai preso dimestichezza con l'allenamento, noterai cose che non hai mai notato prima. Ti si aprirà un intero nuovo mondo di esplorazione e avventura. Ogni momento ti offrirà la possibilità di vivere più pienamente.

Meditazione di consapevolezza sferica

Immagina di camminare da solo in un vicolo buio a tarda notte, qualcosa che spero tu non faccia mai. Ora, mentre procedi, immagina di sentire dei passi dietro di te. È naturale che, mentre cammini, la tua mente stia molto attenta allo spazio dietro di te, anche se stai guardando davanti.

Man mano che avanzi, i passi sembrano essere un po' più rumorosi, sembrano avvicinarsi. Il tuo battito cardiaco aumenta e cominci a provare ansia. La tua mente inizia a evocare immagini del delinquente dietro di te, inizia a immaginare che tu possa essere rapinato, stuprato o comunque aggredito.

La prima sensazione che probabilmente proverai è una guerra interiore tra il desiderio di voltarti e guardare e l'incredibile paura di fare proprio quella cosa. La paura suggerisce che voltarsi provocherà un attacco. La maggior parte delle persone prova un'ansia profonda quando il proprio sistema nervoso entra in modalità lotta o fuga. Questa risposta ha senso solo in assenza di una strategia migliore. Lotta o fuga è una risposta di panico che blocca la consapevolezza. Fortunatamente esiste un altro modo: la consapevolezza sferica.

La chiave per la consapevolezza sferica si trova nello scenario che abbiamo descritto, in particolare nella capacità di essere sensibile all'area dietro di te, anche se i tuoi occhi guardano avanti. Durante quella situazione, la tua mente sta facendo qualcosa di particolarmente importante, in quanto percepisce intenzionalmente ciò che sta dietro di te, anche se, tecnicamente parlando, i tuoi sensi fisici sono deboli o non operativi in quella direzione.

Nonostante i punti ciechi sensoriali, presti attenzione in quella direzione. In effetti, puoi essere egualmente attento in qualsiasi direzione. È più facile notare questa capacità, all'inizio, quando immagini che qualcuno voglia prenderti. Prova a vedere tu stesso. Mentre guardi dritto davanti a te, porta brevemente la tua attenzione sul lato sinistro, senza guardarvi fisicamente. Ora fai la stessa cosa con il tuo lato destro. Riprova stando attento all'area dietro di te. Fallo ancora una volta in ogni direzione, rapidamente: sinistra, destra, dietro, su e giù. Ora riprova, ma stando rilassato. Che sensazione provi?

E se, attraverso il rilassamento, potessi prestare attenzione contemporaneamente in ogni direzione? Come ti sentiresti? Puoi farlo. Prova a vedere tu stesso. Che sensazione provi?

Molti dei miei studenti riferiscono che, dopo aver sviluppato consapevolmente questo senso, sembra loro che qualcosa si sia aperto all'interno. È esattamente quello che avverto anch'io. Mi chiedo se riesci a sentire quell'apertura. Se non la senti, arriverà con il tempo. Una volta che la proverai, capirai cosa intendo. Non sarai in grado di spiegare e far comprendere questo cambiamento agli altri, finché anche loro non lo avranno provato.

Allora, qual è la differenza tra l'ansiosa consapevolezza di quando venivi seguito e quello che stai provando adesso? In primo luogo, la differenza è nello stato del sistema nervoso. Nello scenario dello stalking, sei probabilmente in uno stato di grande ansia e paura, una risposta del sistema nervoso simpatico nota come "lotta o fuga". Quando è in quello stato, il sistema nervoso si comporta in modo molto simile a quello di un topo, quando rileva nell'aria l'odore di un gatto. La sensazione è piccola e reattiva.

Quando è in lotta o fuga, un individuo rischia di andare nel panico, il che si tradurrà in uno dei tre scenari seguenti: il più comune è l'evitamento, quando la mente cerca di convincere se stessa ad abbandonare la convinzione che ci sia un pericolo: "Sto immaginando le cose" o "Non mi sta perseguitando; sembra che si stia dirigendo nella stessa direzione in cui vado io". Queste giustificazioni possono o non possono riflettere la realtà. Se dietro di te ci fosse un vero stalker, l'evitamento ti metterebbe davvero in una posizione altamente vulnerabile.

Il secondo scenario, anch'esso una risposta di lotta o fuga, è quello di spiccare la corsa, in preda al panico, il che probabilmente spronerà lo stalker, se ce n'è uno, a inseguirti, proprio come un gatto insegue istintivamente una palla. Se corri veloce, potresti riuscire a scappare. Tuttavia, a causa del panico, probabilmente avvertirai una scarica di adrenalina, il che significa che il tuo corpo si esaurirà rapidamente. Se lo stalker è in una forma decente, probabilmente ti catturerà e, se lo farà, potresti essere così stanco da non riuscire più a pensare o a fare qualcosa di utile.

Nel terzo scenario, potresti trovarti nella modalità combattimento della risposta di lotta o fuga, decidendo di voltarti e attaccare chiunque si trovi dietro di te. Poiché stai rispondendo mentre ti trovi in una sorta di stato di panico, come un animale che è stato messo all'angolo, di nuovo proverai una scarica di adrenalina e ti esaurirai rapidamente. Se sei fortunato, lo stalker, supponendo che ce ne sia uno, verrà colto alla sprovvista e sopraffatto. Se ha un'arma, probabilmente sarai ferito o ucciso.

Tutte e tre queste reazioni non hanno nulla a che fare con la meditazione o la consapevolezza per come intendo io il termine. Perché ci sia consapevolezza nel senso che intendo io, non dobbiamo essere investiti dall'onda beta estrema, nella risposta di lotta o fuga dei nervi simpatici, bensì dallo stato cosciente dell'onda alfa di consapevolezza sferica, come quella di un maestro samurai circondato da avversari che tentano di ucciderlo. Anche con la morte che lo fissa, è calmo, centrato e consapevole in ogni direzione, fiducioso che il suo corpo consapevole rivelerà la strada migliore da intraprendere per tale scontro.

Quando sei in modalità lotta o fuga, nel corpo accumuli una tensione eccessiva, che rende rigidi i tuoi movimenti. La tua attenzione è focalizzata in una sola direzione e hai un'energia debole. È un quadro che attira l'attenzione degli aspiranti aggressori, proprio come un alce ferito attira gli sguardi di un branco di lupi. Il semplice fatto di essere inconsapevoli attira l'attenzione degli aspiranti aggressori, perché il linguaggio del corpo riflette la vulnerabilità.

Quando si permane in una consapevolezza sferica centrata, i predatori si sentono scoraggiati, perché, per loro, limitare il rischio è una priorità istintiva. Non c'è bisogno di gonfiarsi e cercare di sembrare un duro, perché questa non è consapevolezza ed è altrettanto probabile che si traduca in uno scontro violento.

Invece di cercare di sembrare duro, resta calmo e concentrato. L'energia di questa qualità ha un effetto sorprendente sugli aspiranti predatori. La maggior parte di loro è confusa da un comportamento calmo e consapevole. La confusione, quando si è sotto pressione, crea paura. All'improvviso, il predatore è incerto e quell'incertezza tende a farlo tornare sui suoi passi.

Mi è successo in diverse occasioni di essere inaspettatamente in grado di testare una consapevolezza calma e centrata sotto la minaccia di rapinatori e, ogni volta, il risultato è stato l'evidente confusione dei rapinatori e il loro ritiro pacifico. Il mio stato d'animo teso aveva attirato la loro attenzione: una volta che hanno iniziato ad avvicinarsi, li ho notati e ho notato anche l'energia che stavo proiettando e che aveva catturato la loro attenzione. In quell'istante sono diventato sfericamente consapevole. Hanno indietreggiato senza bisogno di parole aggressive o di uno scontro violento. All'inizio le loro strane risposte alla mia calma consapevolezza mi confondevano, ma, dopo essermi allenato per un periodo di tempo sufficiente e aver testato ripetutamente il potere della consapevolezza sferica, mi sono reso conto che le persone in modalità predatore sono disorientate da questo stato dell'essere.

I sistemi nervosi di tutti gli animali, esseri umani inclusi, si sono evoluti nel corso dei secoli, arrivando a percepire quattro stati. Il primo stato è quello della mancanza di consapevolezza o disattenzione, che costituisce l'obiettivo più facile. Il secondo stato è quello dell'evitamento o della negazione, un altro obiettivo facile. Puoi vedere questo stato negli animali, che, quando sono nervosi, distolgono lo sguardo dal fattore di stress, ma non scappano. Il terzo stato è la fuga, che si traduce in un inseguimento e che rende tale stato molto più impegnativo della disattenzione o dell'evitamento. Il quarto stato è quello dell'aggressività, in cui un animale si girerà e combatterà contro l'attaccante.

La maggior parte degli incontri, in natura, si traduce in inseguimenti, perché gli animali generalmente entrano in modalità di fuga più facilmente di quanto non evitino, e ovviamente gli animali selvatici sono molto più attenti degli esseri umani, perché devono esserlo per sopravvivere. Dei quattro stati, il più difficile è quando un animale si volta e combatte. La maggior parte dei predatori non vi è preparata. Il risultato tipico di un combattimento è un infortunio per entrambe le parti; quindi mirare a un animale che potrebbe voltarsi e combattere è una cattiva strategia per un predatore solitario. La maggior parte dei predatori cercherà di evitare gli animali che ritengono entreranno in modalità di combattimento, a meno che i predatori non siano di gran lunga numericamente superiori.

C'è un altro stato, tuttavia, al quale il sistema nervoso predefinito sembra completamente cieco: la calma consapevolezza sferica. Gli animali sembrano incapaci di scegliere questo stato, ma gli esseri umani, se resi consapevoli della sua esistenza, possono farlo. Con la pratica, gli esseri umani possono iniziare a includere questo tipo di consapevolezza nella loro vita quotidiana.

Allenamento sotto pressione alla consapevolezza sferica

Nota: per sicurezza, imposta sempre un timer di 10 minuti, per ricordarti di uscire prima che inizi l'ipotermia.

Ora che hai familiarità con la consapevolezza sferica, è importante che inizi a metterla in pratica e a svilupparla attraverso sfide progressive. Per iniziare l'allenamento della consapevolezza sferica, possiamo usare la doccia fredda.

Prima di entrare in bagno, calati in una calma consapevolezza sferica. Una volta calmo e consapevole, entra, spogliati e poniti sotto la doccia rimanendo sfericamente consapevole.

Una volta sotto la doccia, guarda la manopola e poi il soffione, per vedere se l'anticipazione del disagio ti fa uscire dalla consapevolezza. Per testare la tua consapevolezza in questo modo, posiziona semplicemente la manopola della doccia o il soffione al centro della tua consapevolezza visiva, senza concentrarti su di essi. Se riesci a impedire alla tua mente di concentrarsi, dovresti essere in grado di rimanere sfericamente consapevole.

Apri la doccia con l'obiettivo di permanere in questo stato anche nel caos dell'acqua a cascata. Mantieni una leggera consapevolezza sullo spazio intorno a te, in modo tale che se, qualcuno dovesse entrare nella stanza, te ne accorgeresti tranquillamente.

Una volta completata la doccia, esci e asciugati mantenendo la consapevolezza sferica. Vestiti e vedi per quanto tempo riesci a mantenerla per il resto della giornata.

Una persona che non è del tutto pronta per la sfida sotto pressione della consapevolezza sferica può notare che la sua energia collassa di nuovo, rimpicciolendosi, al pensiero della doccia o quando il getto freddo colpisce la pelle. Potrebbe persino notare che la sua attenzione si sposta verso l'interno, sulla difensiva, perché i sistemi corporei non sono ancora abbastanza forti da rimanere consapevoli sotto pressione. Anche gli individui che meditano da molti anni non saranno in grado di meditare sotto la doccia fredda, se non hanno allenato adeguatamente i loro corpi.

La conclusione è che gli individui che hanno un'energia debole non sono in grado di meditare, a meno che non si sentano a proprio agio. Mentre ci stiamo allenando a essere incrollabilmente consapevoli, la dipendenza inconscia dal comfort deve essere superata, perché la vita è spesso scomoda. Se il praticante non trascende la barriera del comfort, ci sarà una separazione continua tra consapevolezza meditativa e vita quotidiana. Pertanto, solo sfidando le capacità meditative attraverso il disagio potremo includere pienamente la consapevolezza nella nostra vita.

Capitolo 17

Training fisico più intenso

Il momento più impegnativo per la doccia fredda è dalle 3 alle 4 del mattino, quando la pressione sanguigna e l'attività ormonale del corpo sono al punto più basso. Avrai forse notato che, quando sei malato, è in queste ore che avverti un peggioramento dei sintomi. Queste prime ore del mattino sono anche quelle in cui la maggior parte delle persone muore nel sonno. Ovviamente, se ti alzi alle 5 o alle 6 del mattino e vai direttamente sotto la doccia, la pressione sanguigna sarà probabilmente più alta che alle 3, ma sarà comunque piuttosto bassa rispetto ad altri momenti della tua giornata di veglia; quindi fare la doccia fredda al mattino è una sfida notevole. Al contrario, il momento in cui è più semplice fare una doccia fredda è quando sei completamente sveglio e la tua pressione sanguigna è normale. Se hai condotto l'allenamento con la doccia fredda quando è relativamente facile farlo, potresti essere tentato di pensare che hai imparato il metodo, mentre ancora non l'hai fatto.

Il modo per padroneggiarlo è fare la doccia al mattino presto, quando il corpo è ancora relativamente a corto di energia. Se riesci a fare tali docce con la consapevolezza sferica senza soluzione di continuità, allora sai che sei pronto per il passo successivo, che esploreremo in questo capitolo.

Una volta che abbiamo padroneggiato la doccia attraverso la consapevolezza sferica, significa che non esiteremo più a entrare nella doccia, a meno che non ci sentiamo male. Se lo desideriamo, ci attendono ancora nuove sfide, come quella di fare bagni freddi.

Se hai un problema cardiaco o la sindrome di Raynaud, potrebbe essere meglio evitare del tutto i bagni freddi finché non ti sarai ristabilito. Se non hai proprio intenzione di fare bagni freddi, potresti saltare questa parte fino al capitolo successivo, dove riprenderai a progredire senza bagni freddi.

Prima di parlare dei metodi e dei motivi specifici per fare un bagno freddo, iniziamo con le eccezioni: il caso in cui una persona altrimenti sana, che aveva deciso di fare bagni freddi, potrebbe volerli saltare in determinati giorni.

Giorni di malattia

Se una mattina non ti senti bene, potresti saltare il bagno freddo e anche la doccia fredda e utilizzare, invece, solo il metodo del lavandino descritto nel capitolo 8. Se la tua energia è estremamente bassa, se hai febbre, brividi o segni di malattia, evita tutte le forme di allenamento con il freddo, poiché possono indebolire ulteriormente il corpo. In giorni come questi dovresti riposare.

Se non ti senti male, ma ti senti comunque un po' a corto di energia, potresti continuare l'allenamento con il metodo del lavandino descritto nel Capitolo 8.

Io iniziai il mio addestramento in acqua fredda in un torrente, durante un addestramento alla sopravvivenza. Era così umido, durante l'estate, che non riuscivo a dormire la notte. Iniziai a guadare il torrente di notte con l'intenzione di rinfrescarmi, solo per poi poter dormire bene. Funzionò molto bene.

Una volta tornato a Tokyo, un luogo ugualmente umido, continuai a fare la stessa cosa ma con i bagni freddi. Vivevamo in un appartamento che non aveva aria condizionata; quindi le notti erano afose e poco piacevoli. I bagni freddi migliorarono notevolmente la qualità del mio sonno.

Dopo quell'allenamento, ho smesso di indossare abiti pesanti in inverno, in modo tale che la mia selezione di vestiti tra estate e l'inverno variasse poco. Ancora oggi mi piacciono più i bagni freddi delle docce fredde. Come ho indicato in precedenza, la sindrome di Raynaud è nel DNA della mia famiglia; quindi devo esserne consapevole, nel fare bagni freddi, e indossare più vestiti durante le stagioni fredde.

Le immersioni in acqua fredda presentano sfide diverse rispetto alle docce fredde. I bagni non sono caotici come le docce, ma sono fisicamente più impegnativi. I bagni freddi sfidano la calma, perché rimuovono il calore dal tuo corpo più rapidamente delle docce fredde, ma in silenzio.

Supponendo che tu sia idoneo a fare un bagno freddo, secondo il giudizio tuo e del tuo medico, è importante che, prima, tu conosca i sintomi dell'ipotermia. Un mancato riconoscimento dei sintomi può portare alla morte.

Sintomi di ipotermia

Secondo la Mayo Clinic, i segni di ipotermia sono i seguenti:

- Brividi
- Difficoltà di parola o borbottii
- Respiri lenti e superficiali
- Polso debole
- Goffaggine o mancanza di coordinazione
- Sonnolenza o energia estremamente bassa
- Confusione o perdita di memoria
- Perdita di conoscenza

Come avverte la Mayo Clinic, "le persone con l'ipotermia di solito non sono consapevoli delle loro condizioni, perché spesso i sintomi iniziano gradualmente". Il sito web rileva inoltre che "il pensiero confuso associato all'ipotermia impedisce l'autoconsapevolezza", il che può "far assumere comportamenti a rischio".

La Mayo Clinic elenca inoltre una serie di fattori di rischio che possono aumentare le probabilità di andare in ipotermia (vedi "Hypothermia" sul sito web, in inglese, della Mayo Clinic):

- La stanchezza o l'esaurimento ridurranno la tua tolleranza al freddo.
- L'età avanzata può ridurre la capacità del corpo di regolare la temperatura corporea e di percepire i sintomi dell'ipotermia.
- Nell'adolescenza, il corpo perde calore più velocemente che nell'età adulta.
- Problemi mentali come la demenza e altre condizioni possono interferire con la valutazione o la consapevolezza dei sintomi dell'ipotermia, al loro manifestarsi.
- L'alcol provoca la dilatazione dei vasi sanguigni e può far sentire il corpo caldo. A causa della dilatazione dei vasi sanguigni, che invece dovrebbero contrarsi per proteggersi dal freddo, il corpo perderà calore più rapidamente. Inoltre, l'alcol diminuisce la naturale risposta dei brividi, che è uno dei primi segnali di cui hai bisogno per uscire dall'acqua. Con l'alcol si corre anche il rischio di svenire in acqua.
- Le droghe ricreative influenzano la valutazione e possono causare svenimenti nell'acqua fredda.
- Condizioni mediche che influenzano la regolazione della temperatura corporea – come ipotiroidismo, anoressia nervosa, diabete, ictus, artrite grave, morbo di Parkinson, traumi e lesioni del midollo spinale – aumentano il rischio di ipotermia.
- Farmaci come antidepressivi, antipsicotici, farmaci per il dolore e sedativi possono ridurre la capacità del corpo di regolare il calore.

Il punto è semplice: l'allenamento con il bagno freddo dovrebbe essere svolto da persone pronte a prendere sul serio il loro allenamento e che hanno consultato il medico. Se noti uno qualsiasi dei sintomi dell'ipotermia, interrompi immediatamente l'esposizione al freddo e riscalda il corpo. Come regola generale, non rimanere nell'acqua fredda per più di 10 minuti. Una volta che il tuo corpo è ben allenato a sopportare il freddo e tu hai acquisito familiarità con i segni dell'ipotermia, potresti essere in grado di rimanere immerso più a lungo.

Meditazione del bagno freddo

Nota: per sicurezza, imposta sempre un timer di 10 minuti, per ricordarti di uscire prima che inizi l'ipotermia.

Una volta che il tuo sistema circolatorio e le tue cellule sono diventati forti e vibranti di salute, fare bagni freddi ti permetterà di goderti una meditazione potente e beata.

Ecco come fare un bagno freddo meditativo di base:

- Prima di entrare nel bagno freddo, assicurati di essere in consapevolezza sferica.
- Vedi se riesci a entrare e sederti con un movimento armonioso, consapevole e senza interruzioni, che fluisce nel movimento successivo senza pause né fretta.
- Una volta seduto, allunga lentamente le gambe, per immergerle completamente nell'acqua.
- Una volta che le gambe sono completamente bagnate, trattieni il respiro e sdraiati il più elegantemente possibile, per immergere il busto e la testa.
- Rimani sommerso per tutto il tempo che riesci a trattenere comodamente il respiro, mentre sei in consapevolezza sferica.
- Una volta che sei pronto per fare il respiro successivo, siediti e rilassati completamente in una meditazione profonda.
- Quando ti siedi, il calore del corpo riscalderà l'acqua vicina e questo creerà una barriera isolante dall'acqua più fredda. Ogni tanto, usa le mani e le gambe per muovere leggermente l'acqua, in modo che il tuo corpo possa provare più freddo possibile.
- Dopo circa un minuto in meditazione, con grazia, trattieni il respiro e immergi nuovamente la parte superiore del corpo e la testa, finché non sei pronto per fare un altro respiro.
- Al limite dei dieci minuti (o prima, se si verificano sintomi di ipotermia), esci dalla vasca con grazia e consapevolezza sferica.

- Asciugati e vestiti e continua la tua giornata restando in consapevolezza sferica.

Una volta che hai imparato a rimanere sfericamente consapevole durante il bagno di base che ho delineato sopra, dimentica queste indicazioni e, mentre sei nel bagno freddo, fai tutto ciò che ti sembra giusto, sempre tenendo conto delle precauzioni di sicurezza. Procedi con cautela, se vuoi migliorare la tua esperienza, partendo sempre da una profonda consapevolezza sferica.

Capitolo 18

Esercizi e giochi di consapevolezza

Per scoprire la consapevolezza incrollabile, è fondamentale iniziare a integrare la consapevolezza sferica nella vita quotidiana, sia all'interno che all'esterno della propria casa. Vogliamo che la consapevolezza penetri fino in fondo e ci influenzi a livello d'istinto.

Per gli esseri umani, come per gli animali, il gioco è un modo potente per entrare in contatto con l'istinto. Se fossi un cacciatore-raccoglitore, non importa in che parte del mondo tu viva, probabilmente ti imbatteresti in qualche variante degli esercizi e dei giochi inclusi in questo capitolo.

Nella mia personale ricerca sull'inclusione della consapevolezza, ho inventato una serie di questi esercizi e giochi, solo per scoprire in seguito che le persone li fanno da secoli. Gli strumenti che si trovano in questo capitolo aggiungeranno un po' di pepe alla tua pratica quotidiana e serviranno a mantenerti consapevole quando, altrimenti, potresti non esserlo. Spero che ti piaceranno tanto quanto a me.

Vista a raggi X

Il primo esercizio è fingere di avere la vista a raggi X. Quando eri bambino, forse immaginavi di avere la vista a raggi X. Questo gioco è diverso da quello che probabilmente facevi allora. La base di questo esercizio è la consapevolezza sferica, che combineremo con una mappa immaginaria, che aggiorneremo costantemente durante la pratica.

Con gli occhi aperti, immagina di avere la visione a raggi X, che ti permette di vedere attraverso muri, stanze, porte, corridoi, eccetera, che si trovano oltre la tua vista fisica. Se sei all'aperto, potresti visualizzare la conformazione del terreno, gli alberi, le colline, i fiumi, eccetera, che sono oltre la tua vista fisica. Creati una mappa mentale tridimensionale dell'ambiente circostante, in modo che, se chiudessi gli occhi, potresti immaginare l'intero spazio, che include gli oggetti evidenti, come i mobili (con l'immaginazione, non è necessario andare in alta definizione, cercando di visualizzare la consistenza delle pareti o le pennellate in un dipinto).

Questo esercizio ti farà prestare attenzione all'area intorno a te, e quell'attenzione ti consentirà di mantenere la mappa mentale relativamente aggiornata. Mentre farai questo esercizio, sarai più motivato ad andare in giro, in modo da poter scoprire cosa c'è oltre la tua consapevolezza fisica. Le nuove informazioni saranno mappate internamente e incluse nella tua visione a raggi X. La mappa non sarà mai del tutto corretta, ma ti aiuterà a praticare la consapevolezza sferica mentre, al tempo stesso, presterai fisicamente attenzione allo spazio intorno a te.

Ruotare con la vista a raggi X

Questa è un'estensione dell'esercizio della vista a raggi X.

1. Alzati e guardati intorno, per creare una mappa mentale di ciò che ti circonda.
2. Una volta mappato l'ambiente circostante, estendi la tua consapevolezza sull'intera area in modo sferico, come hai già imparato a fare.

3. Una volta estesa la consapevolezza, chiudi gli occhi, mentre attivi la tua immaginaria vista a raggi X, e inizia a girare lentamente sul posto come la lancetta di un orologio.
4. Mentre giri lentamente con gli occhi chiusi, scegli un oggetto, come una stanza o una porta, da indicare dopo aver effettuato diverse rotazioni di 360 gradi.
5. Non appena senti che la stanza o l'oggetto è allineato con il tuo naso, fermati e indicalo con gli occhi ancora chiusi.
6. Apri gli occhi, per verificare la tua precisione.

Fare spesso questo gioco ti permetterà di sviluppare in ogni momento una mappa incredibilmente potente dell'ambiente circostante, allenando allo stesso tempo la consapevolezza sferica.

Vista topografica

La topografia è lo studio delle caratteristiche e della forma del terreno. La visione topografica è un esercizio che la maggior parte dei cacciatori-raccoglitori pratica, per non perdersi. Mentre camminano, immaginano che il loro spirito si trovi in alto sopra il corpo e guardi in basso per vedere la conformazione del terreno, le sue caratteristiche e forme più rilevanti.

La vista immaginaria si estende su montagne, valli, fiumi, torrenti, foreste, prati e così via. Se tu fossi in città, includerebbe edifici, strade, incroci, zone commerciali e quartieri, altopiani e pianure.

Da uno stato di meditazione, immagina che il tuo "occhio spirituale" si sollevi dal tuo corpo, muovendosi in alto nell'aria, per guardare in basso la topografia che ti circonda. Mentre ti sposti, continua ad aggiornare la vista topografica.

Molte persone che praticano questo esercizio scoprono di sentirsi piacevolmente euforiche, mentre lo fanno. La sensazione deriva dal passaggio a uno stato di onde cerebrali coscienti. Se farai questo gioco camminando, diventerà sempre meno probabile che tu ti perda.

Gioco dell'assassino

Questo è un ottimo gioco di consapevolezza che stimola, allo stesso tempo, istinto e consapevolezza sferica. L'idea è di espandere la tua consapevolezza attraverso l'intero spazio della tua casa, ad esempio, con l'obiettivo di sentire in ogni istante dove sono le altre persone. In questo gioco, immagina che le altre persone siano degli assassini che vogliono prenderti.

Per segnare un punto, devi notare qualcuno che ti si avvicina prima che arrivi a tre metri da te. Se lo noti prima che sia entro i tre metri da dove ti trovi, sarai sopravvissuto all'attacco dell'assassino. Nella tua mente, potresti calcolare un punto. Se qualcuno si avvicina a meno di tre metri da te prima che tu te ne accorga, sei morto. In tal caso, datti un punto negativo.

Non c'è bisogno di dire a nessuno di questo gioco. Non importa se intendono avvicinarsi di soppiatto o anche se sono ignari della tua presenza; se arrivano a meno di tre metri da te, significa che sei morto. Alla fine di ogni giornata, conta quante volte hai evitato l'assassinio rispetto a quelle in cui sei stato assassinato. Di solito tenevo traccia dei miei conteggi quotidiani su un taccuino, per capire se, col tempo, facevo progressi. Potresti divertirti a farlo anche tu.

Man mano che la tua consapevolezza migliora grazie a questo gioco, dovrai aumentare la difficoltà della sfida. Puoi farlo facilmente, aumentando la distanza da tre a cinque o sei metri o più, man mano che diventi più abile.

Questo tipo di allenamento ti fornirà quella sorta di sesto senso posseduto, a quanto si dice, dalle leggende delle arti marziali. Soprattutto, stimolerà simultaneamente l'istinto e la consapevolezza, modificando la tua risposta istintiva, in modo che sia collegata più a lungo alla consapevolezza; mentre quella connessione si rafforzerà, tenderai a provare meno ansia per via del caos della vita.

Punti ciechi

La maggior parte degli incidenti automobilistici si verifica in aree che i conducenti coinvolti conoscono molto bene, come i loro quartieri. Le statistiche sugli incidenti suggeriscono che più ti avvicini a casa o a strade che percorri frequentemente, più tendi a guidare con il pilota automatico, una condizione in cui sei meno consapevole.

Pensa al numero di volte in cui sei arrivato a destinazione incapace di ricordare come ci sei arrivato. Quando guidiamo ripetutamente in aree altamente familiari, tendiamo a fare affidamento sulla memoria muscolare, che ci fa sognare ad occhi aperti. In questo scenario, è logico che aumenti il rischio di fare un incidente.

Non solo gli incidenti sono più comuni quando siamo vicino a casa, ma sono anche più mortali, perché le persone trascurano di allacciarsi le cinture di sicurezza o se le tolgono prima di arrivare a casa.

Se presti attenzione a come guidi, noterai che, quando ti trovi in un territorio sconosciuto, sei molto vigile. In effetti, questa maggiore vigilanza viene attuata dalla maggior parte delle persone ogni volta che si presenta una nuova situazione, non solo durante la guida.

Se dovessi guardare le persone in una città affollata, probabilmente troverai relativamente facile differenziare i turisti dalla gente del posto. La gente del posto tende ad andare di fretta. Si muove direttamente dal punto A al punto B; di solito non si preoccupa di guardarsi intorno; spesso, mentre cammina, sta attenta a dove mette i piedi. I turisti, d'altra parte, tendono a guardarsi intorno molto di più rispetto alla gente del posto, il che rende il loro percorso meno diretto e mediamente meno frettoloso.

Se fossi un assassino che prepara un piano, chi vorresti prendere di mira, l'individuo consapevole o quello inconsapevole? L'individuo inconsapevole sarebbe l'obiettivo più sicuro. Per massimizzare le tue possibilità di successo, mirerai a raggiungere l'obiettivo in un luogo in cui sarà meno vigile, ovviamente.

La maggior parte delle persone, quando immagina un assassino ninja dell'antico Giappone, pensa a un giovane guerriero potente e agile, vestito di nero. Questa è Hollywood. C'erano abili guerrieri tra i ninja, ma la maggior parte degli assassini e delle spie erano donne. Immagina, piuttosto, la cameriera o l'amante. Cullato da un'immagine apparentemente innocua, la vittima designata di solito moriva nel proprio letto o nella latrina. Quando siamo in tali luoghi, tendiamo a presumere di essere al sicuro; quindi ci lasciamo assorbire da noi stessi.

I rapinatori, allo stesso modo, di solito cercano persone che sono sole e che non prestano attenzione. Contrariamente a quanto la gente spesso presume, molte rapine avvengono in pieno giorno. Se fossi un rapinatore esperto, chi prenderesti di mira?

Quando ero giovane, tentarono di rapinarmi in pieno giorno in una stazione degli autobus. Ero di fretta e non prestavo attenzione: dovevo rappresentare la vittima perfetta. Il rapinatore fu in grado di camminarmi al fianco e brandire un coltello, quasi toccandomi la cassa toracica, a destra, prima che uscissi dal mio torpore frettoloso. La consapevolezza calma e sferica lo confuse, e io fui in grado di farlo discostare dalla sua nefasta linea di condotta. Se fossi rimasto nell'onda cerebrale beta, il risultato sarebbe stato sicuramente diverso. L'essere assorbiti in se stessi è pericoloso.

Se presti attenzione a dove guardi, quando guidi da e verso il lavoro, noterai che i tuoi occhi tendono a notare e a trascurare le stesse cose quasi a ogni viaggio. Lo stesso vale quando cammini per casa: alcune aree in particolare sembrano attirare la tua attenzione, mentre altre non le noti quasi mai. È in questi punti ciechi che potrebbe trovarsi l'assassino.

Per avere un'idea più chiara su come rimodellare la consapevolezza, al fine di notare i punti ciechi, inizia a notare dove guardi mentre cammini per casa. Probabilmente scoprirai che guardi ripetutamente le stesse cose e che, costantemente, non noti altri posti. Semplicemente osservando il tuo schema di vita, un abile assassino saprà meglio di te a cosa presti attenzione. Per riuscire nel loro piano nefasto, tutto ciò che devono fare è trovarsi in uno dei tuoi punti ciechi, mentre passi.

Una volta che inizia a notare i tuoi punti ciechi, inizia anche a osservare quelli dei tuoi familiari e dei tuoi vicini. Prendi nota dei loro schemi regolari. A che ora escono per ritirare la posta, portare fuori la spazzatura, andare al lavoro e tornare, eccetera? Alcuni di questi modelli di comportamento possono variare leggermente, mentre altri sono estremamente costanti. Schemi persistenti indicano potenziali punti ciechi che il tuo assassino immaginario potrebbe sfruttare a proprio vantaggio.

La chiave di questo gioco e di ogni gioco è che deve essere praticato in uno stato cosciente di onde alfa, non beta. Se ti eserciti a notare i punti ciechi e immaginare le tue vulnerabilità dallo stato di onde beta, ciò potrebbe causarti ansia, il che sarebbe in contrasto con i tuoi obiettivi. In ogni gioco, accertati di essere in uno stato di consapevolezza. E fa' in modo di divertirti!

Consapevolezza dell'entrata

Se dovessi entrare in un ristorante o in un bar, sarebbe bello avere degli esercizi da svolgere anche lì. La Consapevolezza dell'entrata è un esercizio che imparai da Sokaku Takeda, il famoso preside del Daito-ryu Aikijujutsu del XX° secolo. Il Daito-ryu è un sistema di arti marziali samurai che ho appreso da Osaki Sensei mentre ero in Giappone. Sokaku Takeda insegnava ai suoi studenti che ogni volta che entri o esci da un cancello o da una porta con qualcun altro, devi fare il possibile per essere l'ultimo.

La ragione che adduceva per questa pratica era che, nelle generazioni precedenti, molti samurai erano stati inaspettatamente assassinati dalla persona educata che "gentilmente" entrava o usciva dietro di loro. Il metodo di eliminazione consisteva di solito nel soffocamento, nella garrota o nello sgozzamento della vittima nel momento preciso in cui questa varcava la porta o il cancello, attimo in cui le possibilità di movimento e di fuga erano molto limitate.

Takeda Sensei era nato nell'era dei samurai e il suo addestramento fu severo. Da ragazzo, si allontanava di nascosto da casa per andare sui campi di battaglia attivi. Voleva conoscere la natura della guerra. Vide che, poiché era un ragazzo, i guerrieri di entrambi le fazioni lo ignoravano, il che, ai suoi occhi, gli consentiva un apprendimento sicuro. Mentre Takeda Sensei era un giovane adulto, il Giappone si modernizzò. I samurai persero la loro posizione nella società e divenne illegale portare la spada, simbolo del loro potere feudale.

Essendo ormai una nazione unificata e moderna, il Giappone divenne un luogo estremamente sicuro in cui vivere, così i guerrieri dei vecchi tempi iniziarono ad ammorbidire i loro protocolli di sicurezza, ma non Takeda Sensei. Fino al giorno in cui morì, ottantenne, si rifiutò ostinatamente di entrare in un edificio prima di qualcun altro.

Naturalmente, nel nostro mondo moderno, è altamente improbabile che tu possa mai imbatterti in un assassino, ma, per i nostri scopi, il punto non è scongiurare tentativi di omicidio. Piuttosto, lo scopo di questo gioco è ricordarti di essere sfericamente consapevole e nella migliore posizione possibile ogni volta che varchi una porta o un altro passaggio stretto.

Dal punto di vista di coloro che sono con te, il tuo aprire la porta può essere visto come un gesto cavalleresco, il che è vero, ma essere educati non è la ragione principale per entrare per ultimi. Per l'addestramento, possiamo utilizzare tutte le porte, i corridoi o altri spazi altrettanto stretti, compresi quelli a casa, come trigger per ricordarci di essere sfericamente consapevoli.

Ogni volta che ricordi e pratichi la consapevolezza sferica e il posizionamento strategico, stai ristrutturando il tuo cervello attraverso la neuroplasticità, per accedere più facilmente alla consapevolezza sferica. Fa' in modo che le porte e i passaggi facciano parte del tuo grande gioco di consapevolezza!

Ricorda che è solo un gioco, almeno finché la nostra società sarà relativamente sicura. Non c'è bisogno di preoccuparsi di chi entra per ultimo. Invece, osserva quanto spesso sei in grado di indurre gentilmente le persone a precederti. Divertiti!

Posizionamento

Hai imparato a scongiurare un tentativo di omicidio, entrando e uscendo per ultimo con fare cavalleresco. Ora che hai superato la soglia, usa la consapevolezza sferica per notare la disposizione generale dell'edificio e le uscite. Nota quale tavolo offre il posto più sicuro per sedersi e osservare. Prova a scegliere un tavolo che abbia il minor numero di vettori di attacco e, allo stesso tempo, offra la visuale migliore di tutto lo spazio.

Tenendo a mente i criteri di sicurezza per evitare di essere assassinati, è generalmente sconsigliato sedere accanto a una finestra, una porta o un passaggio. È meglio evitare anche un tavolo al centro della stanza, circondato da altri tavoli. In generale, un tavolo in un angolo offre il miglior punto di osservazione possibile, senza esporre la schiena. Se il tavolo ideale non è disponibile, punta al secondo miglior tavolo che offra una buona visuale e relativamente pochi vettori di attacco.

Una volta trovato il miglior tavolo possibile, vedi se puoi indurre il tuo gruppo a sedersi lì. Anche questo è un gioco che ti consente di esercitare la tua capacità di condurre le persone verso la sicurezza, senza che queste si rendano necessariamente conto del servizio che stai loro prestando.

Per convincere le persone a sedersi al tavolo selezionato, potresti semplicemente spiegare che stai imparando la difesa personale e che selezionare il tavolo più sicuro fa parte dell'addestramento. Se non vuoi divulgare queste informazioni, potresti provare a inquadrare la questione del tavolo in modo tale da rendere la tua scelta vantaggiosa anche per loro. Se, ad esempio, sei a un appuntamento, potresti confidare al tuo partner che vorresti quel determinato tavolo perché sembra più intimo. Personalmente preferisco dire la verità, perché mi fa risparmiare molto tempo con le persone. Se a qualcuno non piace il vero me, allora la verità ci ha fatto risparmiare un sacco di tempo.

Dopo esserti spostato al tavolo selezionato, vorrai sederti nel posto più vantaggioso per il tuo immaginario compito di protettore. Quel posto consentirà una perfetta consapevolezza visiva dell'intero spazio, consentendo anche un movimento ottimale.

La prossima considerazione è la posizione a sedere. Sedersi nell'angolo posteriore di un tavolo sarebbe una cattiva idea, perché limita notevolmente la tua capacità di agire, il che significherebbe che non saresti in grado di proteggere gli altri o scappare, se necessario. Tenendo conto della libertà di movimento e del servizio di protezione, ti consigliamo di sederti con le spalle al muro, se possibile, ma all'estremità aperta del tavolo, in modo da poterti facilmente alzare, se necessario.

Uscite alternative

Un altro insegnamento di Sokaku Takeda è alla base di un fantastico gioco: quello di trovare uscite alternative. Ogni volta che entri in un edificio, vedi se riesci a scoprire un modo alternativo per scappare tramite una porta o una finestra sul retro. Per fare ciò, dovrai mappare mentalmente lo spazio interno dell'edificio.

Ad esempio, se ti trovi in un ristorante, una volta che il tuo gruppo è seduto, puoi andare in bagno per qualche minuto. Con consapevolezza sferica, alzati e dirigiti verso il bagno mentre mappi mentalmente la disposizione del luogo. Prendi nota di eventuali finestre e porte apribili. Guarda in cucina, per vedere se c'è una porta sul retro. Controlla se in bagno c'è una finestra che potresti usare come uscita.

Quando diventerai abile in questo gioco, non ti occorrerà molto tempo per trovare uscite alternative. La pratica ha salvato me e alcuni amici da una banda, quando eravamo al liceo. In caso di disordini civili, questa abilità può salvarti la vita. Fino ad allora, è solo un gioco; quindi divertiti!

Parte VI

Consapevolezza vivente

La meditazione tradizionale, così come è stata praticata nel corso dei secoli, è esistita, quasi senza eccezioni, come ritiro dalla vita quotidiana. Stiamo ora entrando in un'epoca in cui quella separazione non sarà più sufficiente. Gli esseri umani sono pronti per la prossima evoluzione della coscienza, che è la consapevolezza vivente.

Siamo stati condizionati a credere che la meditazione debba essere difficile e che solo pochissimi individui speciali possano compiere quel passo evolutivo. Per comprendere la falsità di questa idea, utilizziamo una parabola: proprio come un elefante adulto in uno zoo, legato a una corda che potrebbe facilmente spezzare se solo la sua mente non fosse imprigionata da una falsa convinzione, forse anche tu sei certo di non riuscire a distruggere con facilità le tue convinzioni limitanti.

Finché credi che la meditazione sia difficile, sei legato. L'elefante è arrivato a quella convinzione durante la sua giovinezza, quando non era così forte. In quello stadio di sviluppo, veniva legato con una spessa catena di metallo. Aveva lottato strenuamente contro la catena, finché alla fine non aveva esaurito tutta la volontà di lottare. La dimensione della catena è stata quindi ridotta. Se successivamente l'elefante non ha compiuto alcun tentativo di liberarsi, è stato incatenato a una corda che non proverebbe mai a strappare, a causa della convinzione limitante. Allo zoo, da adulto, l'elefante potrebbe facilmente rompere una corda, ma non ci prova mai, perché ritiene che la corda sia indistruttibile.

Poiché le forme di meditazione tradizionali richiedono un'enorme concentrazione per essere efficaci, molti di noi sono convinti che non possiamo vivere la nostra vita nella consapevolezza meditativa. Tale convinzione è ragionevole perché, se ti dovessi concentrare su una cosa sola escludendo tutte le altre, non saresti in grado di leggere, scrivere, parlare o svolgere qualsiasi altra delle molte funzioni della vita quotidiana che, per essere eseguite, richiedono un certo grado di concentrazione. Forse tu, come l'elefante, puoi spezzare quella catena. Sei pronto per fare il passo evolutivo verso la consapevolezza vivente. Potresti semplicemente aver bisogno di un po' di allenamento e di un po' di istruzioni su come fare quel passo.

Vivere attraverso la consapevolezza non richiederà grande forza di volontà o impegno, ma non illuderti: ci vorrà perseveranza, il tipo di perseveranza simile a quella di un bambino che impara a camminare. Cade ancora e ancora e continua a rialzarsi. Impara a camminare non perché fissa un obiettivo e vuole che accada, come fa un atleta o un imprenditore. Il bambino continua a provare con insistenza grazie alle forze naturali della curiosità e dell'istinto. Allo stesso modo, i tuoi passi successivi devono scaturire dalla curiosità e dall'istinto. Con il metodo TEM, il tuo più grande ostacolo alla pratica non sarà la mancanza di forza di volontà, ma, semplicemente, dimenticare di meditare durante il giorno. Se riesci a ricordarti di meditare, il processo è relativamente semplice.

Nella Parte VI, impareremo come impostare strategicamente alcuni promemoria della consapevolezza; quindi sarà meno probabile che ti dimentichi del tuo allenamento mentre vivi la tua vita quotidiana attiva. Successivamente, sveleremo la vera natura della forza interiore che ti trattiene, così che potrai sedare la tua guerra interiore. Da lì, per aiutarti ogni giorno a includere la consapevolezza, riceverai delle linee guida che incorporeranno gli strumenti presentati in questo libro. Infine, esploreremo la natura della consapevolezza e il modo in cui si verifica la trasformazione personale, man mano che progredisci lungo il cammino.

Capitolo 19

Promemoria giornalieri

Una delle maggiori sfide per integrare la consapevolezza nella vita quotidiana è l'abitudine a non essere consapevoli. A meno che non ci ricordiamo di essere consapevoli, il modello abituale controllerà la nostra vita quotidiana. Quando è l'incoscienza a comandare la tua vita, non può verificarsi una vera trasformazione personale.

Chiedo spesso agli studenti se possono quantificare la percentuale della loro giornata media in cui sono sfericamente consapevoli. La maggior parte degli studenti, la prima volta che pongo questa domanda, risponde tra il 10 e il 20%. Se pongo la medesima domanda allo stesso studente tre o sei mesi dopo, la percentuale invariabilmente scende, invece di aumentare.

Sentendo quella risposta potremmo scoraggiarci. Sebbene la loro valutazione sia diminuita a seguito della pratica, questo è successo perché arrivano a vedere quanto sono inconsapevoli durante il giorno, il che è un miglioramento. La prima volta che ho posto la domanda, gli studenti presumevano di essere molto più consapevoli di quanto non lo fossero nella pratica reale; quindi la loro stima era senza dubbio generosa.

Un modo semplice per comprendere il fenomeno è riflettere su ciò che accade quando la mente vaga, durante la meditazione. Quando la mente vaga non si è lucidi: in quel momento, non ci si rende conto che la mente ha vagato. Solo quando ritorna la lucidità, l'individuo si sveglia dal sogno inconscio a occhi aperti e si accorge di non essere consapevole. Potrebbe avere difficoltà a quantificare il tempo, ma sa almeno di essere stato inconsapevole per un po'.

Allo stesso modo, man mano che nella nostra vita quotidiana diventiamo più lucidi, ci rendiamo meglio conto degli intervalli di tempo in cui siamo inconsapevoli. Ogni osservazione viene ancora fatta solo dopo il ritorno della consapevolezza; ma almeno, in quel momento, viene annotato mentalmente che c'è stata una perdita di lucidità.

Quando ho posto la domanda per la prima volta, i miei studenti non hanno potuto rispondere perché, quando erano inconsapevoli, non se ne accorgevano. Quando gliela pongo di nuovo, gli studenti hanno già fatto molta esperienza nel notare la perdita di lucidità. Grazie ai molti mesi trascorsi tenendo traccia delle lacune nella consapevolezza, riconoscono di essere molto meno consapevoli di quanto avessero precedentemente ipotizzato.

Allo stesso modo, la maggior parte delle persone che non presta attenzione alla propria lucidità, o alla sua mancanza, presume di avere il controllo della propria vita. Spesso, è solo quando iniziano a monitorare la loro mancanza di consapevolezza che si rendono conto che, in gran parte, non hanno affatto il controllo delle loro vite. Tenendo un resoconto della lucidità, si accorgono di essere stati quasi completamente bloccati in un sogno compulsivo del passato e del futuro, un sogno della loro identità.

Potresti chiederti cosa intendo per "sogno dell'identità". Se hai raggiunto un luogo di chiarezza espansa e rilassata, noterai che, durante quella lucidità, hai solo la consapevolezza del momento. Con la consapevolezza non si pensa a chi si è, da dove si viene, alla propria etnia, cultura, ideologia, alle proprie credenze, eccetera. C'è solo la consapevolezza di ciò che sta accadendo nell'istante, qualunque cosa sia; perciò la mente, e quindi l'identità, è quieta. Al contrario, il sogno dell'identità trascina la mente nel pensiero compulsivo sul passato e sul futuro. In ogni caso, c'è poco o nessun controllo, quando siamo intrappolati nel sogno dell'identità.

La chiave della libertà interiore è ricordarsi di praticare la consapevolezza durante la giornata. La domanda è: quando siamo bloccati nel sogno del tempo, come siamo quasi sempre, come ci ricordiamo di praticare la consapevolezza? Questo è ciò che ti mostrerà il contenuto di questo capitolo.

Se incorporerai gli strumenti di questo capitolo nella tua vita quotidiana, te ne ricorderai più spesso, e questo ti aiuterà a farti uscire dal sogno, in modo da poter sperimentare la consapevolezza più spesso di quanto faresti altrimenti.

Promemoria del tempo

Un promemoria di meditazione è qualcosa che scegli nel mondo fisico, affinché ti aiuti a tornare alla consapevolezza e alla presenza. Perché il promemoria funzioni, devi potenziare un percorso neurale che ti faccia ricordare di essere meditativamente consapevole, e devi seguirlo ogni volta che te lo ricorda.

Un ottimo esempio di promemoria è un orologio. Quando ero un insegnante di scuola media in Giappone, dovevo guardare l'orologio più volte durante una lezione per motivi di ritmo; quindi per me era diventato il promemoria perfetto.

Ogni volta che guardavo l'orologio, diventavo sfericamente consapevole. Dato che dovevo guardare l'orologio più volte a lezione, e dato che avevo in media quattro lezioni al giorno, questo aggiungeva molti promemoria e aumentava di molto il tempo di meditazione.

Quando ero nella stanza degli insegnanti, usavo l'indicatore del tempo sul mio computer e l'orologio sul muro come promemoria. Ogni volta che vedevo un segnatempo, cercavo di prendermi almeno un momento per trovarmi nella calma consapevolezza sferica. Dovresti fare lo stesso anche tu.

Affinché i promemoria per la consapevolezza funzionino, è importante programmare la mente prima, in modo che questa ti ricordi di tornare alla consapevolezza ogni volta che controlli l'ora. Il modo per farlo è il seguente:

1. Guarda l'orologio. Passa rapidamente a una consapevolezza sferica rilassata e mantienila finché non ti senti in uno stato meditativo.
2. Non appena senti di essere in uno stato meditativo, distogli lo sguardo dall'orologio e concentra intenzionalmente la tua mente per tornare a uno stato non meditativo.
3. Guarda di nuovo l'ora e torna indietro nella consapevolezza sferica.
4. Una volta meditato, distogli lo sguardo e concentra la mente per tornare a un'onda cerebrale beta focalizzata.

5. Ripeti il processo almeno 5-10 volte.

Una volta che ritieni di aver impostato correttamente il promemoria, devi testarlo, per assicurarti che funzioni. Per testare il promemoria, dimentica la meditazione e svolgi le tue solite attività quotidiane. Se il promemoria funziona, la prossima volta che controllerai l'ora, ti ricorderai di meditare. Se il promemoria sembra non funzionare, significa che devi dedicare un po' più di tempo a programmarlo nella tua mente.

Una volta che un promemoria è programmato, è necessario mantenere l'associazione per continuare a farlo funzionare. Anche se puoi meditare solo brevemente ogni volta che guardi l'orologio, sappi che quel gesto stimola il tuo cervello a rimapparsi, per consentire, d'ora in avanti, un accesso più facile alla consapevolezza. Se, quando vedi l'ora, non mediti, stai cancellando l'associazione.

Promemoria di asimmetria

Uno dei miei studenti, Barbara, ha escogitato un'elegante strategia di promemoria che vorrei condividere con te: ha abilmente iniziato a modificare le cose intorno alla sua casa, in modo che servissero come promemoria. Ad esempio, capovolgeva un vaso, così che, ogni volta che entrava nella stanza, il vaso attirasse la sua attenzione, ricordandole di meditare. Puoi fare la stessa cosa con i quadri, inclinandone intenzionalmente uno, in modo che attiri la tua attenzione. Ogni volta che lo vedrai, ti ricorderai di meditare.

Potresti modificare leggermente la posizione e la direzione dei mobili, in modo che l'asimmetria attiri la tua attenzione. È un ottimo promemoria. Ogni volta che noterai l'asimmetria, mediterai. Se ci sono altre persone che vivono in casa, che non vogliono che tu giochi con le cose in questo modo, vedi di fare dei cambiamenti così sottili che potrai notarli solo te. L'intenzione stessa di farli ti consentirà di notare dei cambiamenti davvero impercettibili.

Se non riesci a sopportare una piccola asimmetria, vuol dire che la forza interiore che si sente disturbata non è in linea con la consapevolezza sferica rilassata. Vedi se riesci ad attenuare la resistenza attraverso l'esposizione, proprio come hai fatto imparando ad accettare la doccia fredda. Se hai bisogno di un approccio graduale per superare la resistenza alle asimmetrie nella tua casa, potresti cominciare da delle piccole asimmetrie, che noterai, ma che non ti daranno fastidio. Man mano che riesci ad accettare una piccola asimmetria, prova ad aumentarla, così da metterti alla prova. Guida la tua mente e il tuo corpo con consapevolezza.

Gioco di asimmetrie

Se hai un partner che è disposto ad aiutarti nel tuo processo meditativo, potresti giocarci, facendo in modo che, ogni giorno, modifichi leggermente qualcosa di diverso in casa, senza dirti cosa ha cambiato fino alla fine della giornata.

Come vuole il gioco, tu sai che ha modificato qualcosa, e quella conoscenza ti indurrà a cercare l'oggetto in questione. La curiosità da sola ti ricorderà di meditare di più e, naturalmente, quando troverai ciò che è stato modificato, mediterai mentre correggerai lo squilibrio.

Alla fine della giornata, controlla con il tuo partner per vedere se hai notato correttamente l'unica cosa che è cambiata. Il feedback che ti fornirà ti aiuterà a misurare consapevolmente i tuoi progressi.

Se per diverse volte non noti cosa è cambiato, dovrebbe rendere le modifiche un po' più ovvie. Se invece riesci a notarle con facilità, dovrebbe renderle un po' più lievi. Se vuoi arrivare proprio al limite delle tue capacità di consapevolezza, devi metterti costantemente alla prova.

Se il tuo partner sta gentilmente spostando le cose in casa per ricordarti di meditare, ogni volta che trovi ciò che ha mosso, assicurati di meditare, anche se solo brevemente; quindi sposta nella sua posizione originale l'oggetto che te lo ha ricordato. Se non correggerai la posizione dell'oggetto, in breve tempo la tua casa sarà completamente in disordine, il che non sarà certo d'aiuto.

Capitolo 20

Il cuore del caos

La maggior parte di noi, quando pensa al caos, riflette sul mondo imprevedibile e mutevole che ci circonda. Noi esseri umani comprendiamo che, per sopravvivere, dobbiamo adattarci al nostro ambiente o cercare di controllarlo, in modo che si adatti a noi. Ovviamente tutti gli animali, per sopravvivere, influenzano il loro ambiente, ma lo fanno senza un programma.

Questo non vuol dire che gli animali non abbiano la capacità di pianificare. Alcuni animali dimostrano chiaramente la capacità di pianificare e fare strategie. Corvi, corvi reali e gazze, ad esempio, possono prendere un bastone e modellarlo per togliere le formiche da un formicaio. Una tale sequenza di azioni sembra dimostrare la capacità di pianificare una strategia e modellare uno strumento per eseguirla. Questi animali sembrano modellare consapevolmente gli strumenti. Possiamo vedere abilità simili nelle scimmie e nelle grandi scimmie antropomorfe. È probabile che molti animali adottino un certo grado di strategia cosciente.

Gli esseri umani, tuttavia, hanno assunto la capacità di pianificare e modellare il proprio ambiente ben al di là di quanto può fare il resto del regno animale. Ma anche con le nostre incredibili capacità di pianificazione ed esecuzione, la maggior parte di noi non riesce a fissare un semplice obiettivo di auto-miglioramento e a portarlo avanti per più di qualche settimana. Com'è possibile che siamo in grado di trasformare quasi completamente i nostri ambienti esterni, ma, a quanto pare, risultiamo incapaci di migliorare la nostra vita interiore?

La risposta è che c'è una forza interiore dentro di te che non vuole cambiare, che non vuole migliorare, che non vuole che tu raggiunga il tuo vero potenziale. Quella forza interiore è il tuo più grande nemico, travestito da tuo più grande alleato. Chiameremo quella forza "l'Ingannatore".

L'Ingannatore è il vero cuore del caos nella tua vita. L'Ingannatore ci parla in modo seducente tramite malsani evitamenti e attraverso impulsi e compulsioni che possono presentarsi, con una certa regolarità, ogni giorno.

Da dove arriva quella voce? Dov'è il suo trono? Se potessi trovarlo, vi troveresti seduto l'Ingannatore. Una volta trovato l'Ingannatore, potresti usurparlo e riprendere il tuo legittimo posto di autorità, nella tua vita? Se tu potessi farlo, potresti fissare un obiettivo saggio e proseguire senza esitazione o resistenza interiore. Se ciò accadesse, la guerra interiore finirebbe e tu saresti in pace.

Hai notato l'Ingannatore nella tua vita? In caso contrario, vuoi notarlo? Se non vuoi ancora vederlo, va bene. Con la pratica, a un certo punto, lungo la strada, sarai naturalmente pronto a notarlo, e, in quel momento, forse vorrai rileggere questo capitolo.

Alla scoperta dell'Ingannatore

Se desideri prendere coscienza dell'Ingannatore, ecco come fare il primo passo verso una potente trasformazione.

La maggior parte delle persone che si allenano con il metodo della doccia fredda TEM, alla fine notano uno strano fenomeno. È probabile che anche tu te ne accorga presto. Dopo alcune settimane o mesi di pratica quotidiana, noterai che, mentre fai la doccia, te la godi di più di quanto faresti con la doccia calda. Il fatto che le docce fredde diventino più piacevoli delle docce calde è già abbastanza strano, ma c'è ancora qualcos'altro di strano, che potresti iniziare a notare. Ecco cosa succede di solito.

Anche se ti piaceranno di più le docce fredde delle docce calde, durante il periodo che precede la doccia quotidiana noterai che c'è ancora una sorta di resistenza interiore a fare le docce fredde. È un'esperienza sconcertante, perché è come se ci fossero due te: uno di voi due sembra apprezzare le docce fredde e vuole passare a una migliore qualità della vita assumendosi sane sfide e responsabilità; quel "tu" è rinfrescante e stimolante. L'altro "tu" sembra odiare le docce fredde per motivi non immediatamente evidenti o razionali.

Dopo averle fatte ripetutamente, sai che ti piacciono le docce fredde. Quindi, perché dovrebbe esserci resistenza, prima di farle? E perché quella resistenza sembra scomparire non appena l'acqua fredda ti scorre sulla pelle? E non solo scompare: per molte persone, viene sostituita da una vibrante consapevolezza e da un certo piacere.

Chi diavolo è che sta creando la resistenza? Questo è il problema!

Questa è una delle domande più importanti che puoi porti, perché, quando avrai riflettuto su tale domanda e avrai trovato la risposta all'interno del tuo corpo, avrai scoperto la forza interiore che ti trattiene. Avrai scoperto la causa della tua ignoranza e sofferenza. Avrai scoperto ciò che scoprono tutti i veri saggi. E, una volta che avrai trasceso quella forza, troverai l'armonia interiore.

Puoi definire la natura dell'Ingannatore? Sai che cos'è?

Trasformare l'Ingannatore

Anticamente, le persone cercavano di esorcizzare gli spiriti maligni. Potrebbe sembrarti un'idea allettante, cercare di sbarazzarti dell'Ingannatore in questo modo. A parer mio, però, quell'approccio non sarebbe così efficace, perché rimuovere l'Ingannatore sarebbe come tagliarti metà del cervello. Invece di rimuoverlo, è meglio trasformarlo, per rendere questa parte controversa del sé il tuo più grande alleato nel percorso di miglioramento della tua vita: ed è questo, in definitiva, ciò che dovrebbe essere.

La prossima volta che entri nella doccia, mettiti di fronte alla manopola, direttamente sotto il soffione, guardandola con l'intenzione di ruotarla alla temperatura più fredda possibile, mentre senti eventuali segni dell'Ingannatore. Nota qualsiasi tensione, esitazione, ansia o altri sentimenti negativi. Nota se provi ansia, non importa quanto leggera. Le sensazioni potrebbero essere semplici, come una tensione nel respiro, la necessità di assumere una certa posizione o anche di prendere un respiro preparatorio. Tutto ciò potrebbe provenire dall'Ingannatore, che sta creando l'illusione che la doccia fredda sarà spiacevole, anche se sai che non lo è.

Una volta che noti i segni dell'Ingannatore, cerca di capire dove è situato nel corpo. La maggior parte delle persone noterà che si trova al centro del diaframma, un muscolo che controlla la respirazione. Si incurva appena sotto lo sterno e sotto la cassa toracica, nella parte anteriore del corpo.

Sempre guardando il soffione della doccia, pronto ad aprire l'acqua fredda, nota la sensazione e individuala, toccando quel punto del tuo corpo con la punta del dito. Non appena lo fai, apri l'acqua, con l'obiettivo di attenuare e lasciar andare ansia, paura e negatività. Rimani sotto il soffione della doccia, finché l'ansia non sarà scomparsa, cosa che, per la maggior parte delle persone, avverrà quasi istantaneamente. Spegni la doccia e resta lì per 15 o 20 secondi.

Quindi guarda di nuovo il soffione con la determinazione di fare un secondo round. Nota se c'è qualche esitazione o ansia. Se c'è, metti il dito nel punto del corpo in cui senti queste sensazioni. Non appena lo tocchi, apri di nuovo l'acqua per un'altra doccia. Abbandona ogni resistenza, finché non farai un ampio sorriso. Ripeti questo processo più e più volte, fino a quando tutte le esitazioni non saranno totalmente sparite.

Per sicurezza, se notassi tremori o altri segni di ipotermia, come specificato nel Capitolo 17, o anche se ci fosse ancora qualche esitazione, lascia perdere, ma con la determinazione di ripetere lo stesso processo il giorno successivo.

Il giorno successivo, quando fai la doccia fredda, vedi se puoi seguire le linee guida di Un unico respiro esposte nel Capitolo 14. L'idea di base è che tu non faccia passi preparatori, se non meditare e toglierti i vestiti. Entro un respiro da quando sei entrato nella doccia, vai direttamente sotto il soffione e aprilo, senza alcuna tensione.

Ogni giorno, man mano che andrai avanti e sarai un po' meno soggetto al potere negativo dell'Ingannatore, la tua vita inizierà a migliorare enormemente. Assicurati di non sviluppare una visione negativa dell'Ingannatore, poiché la condanna è un atteggiamento proprio dell'Ingannatore. Se la condanna ti motiva, sii consapevole di essere stato nuovamente ingannato. Non starci male, però, perché è una sensazione che non aiuta, segno che anche dietro a quella c'è l'Ingannatore. È un genio nei suoi giochi e non lo supererai in astuzia. Ovviamente puoi provarci... io so di averci provato molte volte.

Attenua ogni negatività, torna alla consapevolezza sferica e vai avanti con un sorriso gentile. Quella è la strada.

Capitolo 21

Inclusione quotidiana

Molti di noi hanno così tanto disordine, nelle loro vite fisiche, emotive e mentali, che semplicemente non sanno da dove cominciare a fare correzioni. Quando guardiamo a tutte le aree non equilibrate della nostra vita, potremmo sentirci sopraffatti, specialmente quando pensiamo al tempo probabilmente necessario per apportare quelle correzioni. La visione d'insieme potrebbe non essere molto incoraggiante. La buona notizia è che non devi correggere tutta la tua vita. Tutto ciò che devi fare è cercare di vivere una giornata proficua oggi in base a quattro linee guida fondamentali: ciò che è necessario, utile, coinvolgente e significativo.

Come probabilmente avrai notato, la mancanza di consapevolezza ti rende vulnerabile agli impulsi e alle compulsioni. La consapevolezza ti conduce verso ciò che, secondo le tue definizioni, è necessario, utile, coinvolgente e significativo secondo le tue definizioni. La chiave per includere la consapevolezza nella vita quotidiana non consiste nel correggere tutta la tua vita oggi, ma semplicemente nel vivere una giornata proficua. Se oggi ti stai avvicinando maggiormente a ciò che è conforme a queste quattro linee guida, allora stai facendo progressi. Naturalmente, man mano che vai avanti e la consapevolezza nella tua vita aumenta, le tue definizioni di questi quattro criteri inizieranno ad affinarsi. Con l'esperienza, inizierai a notare che alcune delle cose che pensavi fossero coinvolgenti, significative, utili e necessarie, non soddisfano più i tuoi criteri. Il perfezionamento di tali criteri è una parte naturale del processo di consapevolezza. Man mano che essi si perfezionano, aumenta anche la tua consapevolezza.

Per vivere una giornata proficua, devi partire da un momento proficuo, il che richiederà un po' di consapevolezza. Questo capitolo ti fornisce un modello di base per aiutarti a vivere più momenti proficui, il che ti aiuterà a portare la tua giornata nella giusta direzione, secondo le tue definizioni.

Svegliati!

La mattina, al risveglio, hai la mente lucida o annebbiata per diverso tempo? Salti immediatamente fuori dal letto oppure premi il tasto "posponi" e ti giri dall'altra parte, sperando di dormire ancora un po'? La maggior parte di noi fa un uso generoso del "posponi" e, al risveglio, si trova in uno stato di stordimento per quasi un'ora. La tendenza è comprensibile, considerando i nostri stili di vita.

Se tu fossi un samurai, la condizione di annebbiamento prolungato sarebbe accettabile? Se fossi un cacciatore-raccoglitore, questa condizione sarebbe utile alla tua sopravvivenza e a quella della tua tribù? Spero che tu abbia risposto "no" a queste domande.

Istintivamente sappiamo che il pulsante "posponi" e la nebbia mattutina non sono compatibili con una vita vissuta a contatto con la terra. Se riflettiamo sulla nostra condizione di stordimento, possiamo facilmente capire che deriva dal nostro essere protetti dalle pressioni naturali. Qualsiasi animale selvatico che seguisse un modello così disconnesso e inconsapevole probabilmente non sopravvivrebbe abbastanza a lungo da riprodursi.

Gli esseri umani moderni sono il risultato di miliardi di anni di evoluzione, rappresentano la continuazione di un patrimonio genetico che è sopravvissuto a tutte le pressioni della vita abbastanza a lungo da procreare con successo. Il fatto che tu sia vivo, in questo momento, sembra essere il risultato della più incredibile lotteria mai giocata.

Lo scienziato Dr. Ali Binazir ha condotto un esperimento mentale che getta una luce divertente sulle probabilità della tua esistenza (Spector). Anche se non c'è modo di essere sicuri dei numeri ottenuti, l'esperimento dovrebbe indurti a dare la tua vita un po' meno per scontata.

Inclusione quotidiana

Il dottor Binazir inizia presumendo che la possibilità che i tuoi genitori si incontrassero fosse una su 20.000, perché 20.000 donne sono circa ciò che un maschio medio probabilmente incontra in 25 anni di vita. Il presupposto successivo, dopo che i tuoi genitori si sono incontrati, è che si impegnassero l'uno con l'altra abbastanza a lungo da averti, una possibilità che il dottor Binazir stima a una su 2000. La combinazione di queste due serie di calcoli porta le nostre possibilità di esistere a una su 40 milioni, una possibilità davvero bassa. Ma lui non si ferma qui.

Il dottor Binazir stima quindi che la donna media abbia circa 100.000 ovuli e che l'uomo medio produca circa quattro trilioni di spermatozoi. Calcola che l'incontro tra l'unico spermatozoo giusto e l'unico ovulo giusto per il tuo concepimento ha una probabilità di una su quattro quadrilioni o 4.000.000.000.000.000.

Dato questo numero, sembra già che la tua esistenza sia un miracolo tra i miracoli. Ma il numero è ancora troppo piccolo, perché tiene conto solo dei tuoi genitori, che si sono incontrati e riprodotti. Trascura i quattro miliardi di anni di generazioni evolutive che ti hanno preceduto, fino al primo organismo unicellulare, che aveva tutte le più piccole probabilità di trasmettere l'esatta combinazione di materiale genetico richiesto per la tua nascita.

Potresti non essere d'accordo con queste stime. Potresti pensare che le probabilità che i tuoi genitori si incontrassero fossero la metà di quelle che lui stimava (10.000) e che anche le probabilità che procreassero fossero la metà (1000), ma, anche dimezzando i numeri, le tue possibilità di esistere sarebbero di circa 1 su 100 milioni. E questo, se prendiamo in considerazione solo una generazione.

Per avere un quadro generale, dobbiamo considerare anche i quattro miliardi di anni di evoluzione in cui quelle stesse probabilità hanno influenzato la possibilità di esistenza di ogni singola generazione che ha portato alla tua nascita. Il numero finale che il dottor Binazir ha ricavato è di 1 su 10 alla 2.685.000[a] potenza, un numero che supera di gran lunga tutti gli atomi stimati dell'intero universo, il cui numero è stimato a 10 all'80[a] potenza.

Che relazione c'è tra le possibilità della tua nascita e il risveglio stordito al mattino? La tua stessa esistenza è basata su tutte le generazioni che, svegliandosi non intontite, hanno portato al nostro mondo moderno e sicuro. Svegliarsi bene è una priorità genetica, per la sopravvivenza. Quando ti svegli spento, durante la giornata proverai inevitabilmente molta più ansia, frustrazione e debolezza, perché il tuo sistema nervoso è instabile. Istintivamente sa che trovarsi in una nebbia prolungata è un suicidio genetico.

La domanda è questa: come facciamo ad alzarci svegli come grilli, armoniosamente pronti ad affrontare il potenziale assassino nella stanza o il compito di preparare i bambini in tempo per la scuola o a gestire quell'incontro di lavoro nel miglior modo possibile? La risposta: per alzarci immediatamente, al risveglio, abbiamo bisogno di una forte motivazione.

Prendi uno scoiattolo, ad esempio: se potesse dormire tutti i giorni e avere ancora abbastanza cibo, è probabile che anch'esso sonnecchierebbe. La natura fornisce agli altri animali la motivazione per la sveglia. Se vivessi in una capanna nel mezzo della foresta, ti sveglieresti bruscamente, come lo scoiattolo.

Poiché le forze naturali non ti svegliano, devi fornire tu stesso la motivazione. Pensa a un momento della tua vita in cui sei balzato fuori dal letto sveglio come un grillo. È probabile che, nel momento in cui ti sei svegliato, la tua mente abbia ricordato qualcosa di importante che doveva essere fatto immediatamente. Fortunatamente, per svegliarti in modo preciso e puntuale puoi usare l'istinto.

Ecco un gioco che ti aiuterà a svegliarti alla maniera dei samurai. Prima di andare a dormire, imposta l'intenzione di immaginare il seguente scenario, al risveglio: c'è uno sconosciuto nella stanza e devi alzarti immediatamente per proteggere te stesso e la tua famiglia.

Più vivida rendi l'intenzione, la sera prima, più nitida sarà l'immagine che visualizzerai, quando ti sveglierai. Le prime notti che provi a fare questo, quando ti svegli, potresti non ricordare lo scenario, ma, dopo diverse notti in cui hai impostato l'intenzione, funzionerà.

Se non ti piace immaginare un intruso domestico, puoi provare altri metodi. L'idea di base è creare una sorta di struttura della vita che ti faccia alzare dal letto la mattina: un piano d'azione dettagliato per la prima ora della giornata. Personalmente trovo che insegnare online meditazioni guidate TEM ogni mattina sia una potente motivazione per un rapido risveglio. Dal momento che sono uno scrittore e imposto io stesso il mio programma, senza tale impegno potrei facilmente alzarmi quando lo desidero, il che influirebbe negativamente sulla mia salute e consapevolezza, oltre a rovinare la qualità complessiva della mia giornata.

In assenza delle naturali necessità per la sopravvivenza, per alzarti dovrai avere uno scopo forte. Se non ne hai uno naturalmente, dovrai dartelo. Una volta che hai imparato a svegliarti presto e in modo deciso, un modello che può richiedere diverse settimane per ingranare, il tuo corpo si sentirà relativamente meglio durante il giorno. Sarai più sano e probabilmente dormirai meglio la notte, il che ti aiuterà ulteriormente a svegliarti con la mente lucida e pronta all'attività.

Se tutto il resto non dovesse funzionare, almeno metti la sveglia fuori portata, così da doverti alzare dal letto per spegnerla. Se l'opzione "posponi" è facile, potrebbe rivelarsi troppo allettante per il tuo io mattutino non allenato.

Il bagno

Una volta alzato dal letto, non permettere a te stesso di rientrarci. Invece, vai direttamente in bagno per liberare la vescica e intrattieniti meditativamente con il tuo insegnante, il freddo.

Una volta che hai finito di urinare, apri una finestra per far entrare l'aria fresca. Da uno stato meditativo, senti e annusa la freschezza dell'aria. Osserva il mondo intorno a te.

Se hai intenzione di esercitarti con i suoni primari, potresti chiudere la finestra, in modo da non disturbare i tuoi vicini, se ne hai.

Fai la doccia o il bagno freddo in uno stato meditativo. Sorridi.

Uscita dal bagno

Esci dal bagno in uno stato di consapevolezza sferica. Senti le sensazioni che ti dà la tua casa e usa la tua visione a raggi X.

Muoviti silenziosamente e consapevolmente, come se stessi cercando un intruso. Vedi se riesci a notare dove sono i membri della famiglia e cosa stanno facendo, prima ancora di vederli fisicamente. Rendilo divertente.

Se sei un bevitore di caffè o tè, non restartene in piedi a guardare con aria ottusa la bevanda in infusione, un'incredibile perdita di tempo. Invece, presta attenzione all'intero spazio intorno a te mentre fai qualcosa di costruttivo.

Pensa all'idea di liberarti dall'abitudine alla caffeina, così non dipenderai più da una sostanza per svegliarti. Anche io amo il caffè.

La giornata

Passa la giornata prestando attenzione ai promemoria che hai impostato. Ogni volta che ti ricordi spontaneamente di meditare o di notare un promemoria, assicurati di diventare sfericamente consapevole, anche se solo per un minuto.

Ogni volta che entri nella consapevolezza sferica, cerca di ridurre la quantità di sforzo richiesta dalla transizione e di mantenere quello stato un po' più a lungo.

Durante la tua giornata, nota l'Ingannatore che giustifica, ritarda, evita, critica e condanna. Ogni volta che noti quell'energia, attenua lo spazio interiore e torna alla consapevolezza sferica.

Andare a dormire

Prima di andare a letto, fai un resoconto della tua giornata. Che tipo di impulsi e compulsioni hai provato? Hai detto loro di sì oppure di no? Che cosa hai fatto di coinvolgente ma di non significativo, sempre che tu l'abbia fatto? Hai ceduto ad abitudini inutili e comfort distraenti? Queste sono attività che non nascono dalla consapevolezza.

Prima di andare a dormire, stila un piano per fare di più di ciò che è coinvolgente, significativo, utile e necessario secondo le tue stesse definizioni, non comfort compulsivo. Il comfort ha la sua stagione. Nella misura corretta, il comfort è necessario e significativo, ma non dovrebbe governare la tua vita.

Hai fatto tutte le cose che ti eri prefissato? Poniti questa domanda senza vergogna, colpa o biasimo, perché queste energie non nascono dalla consapevolezza; quindi non ti serviranno per la realizzazione dei tuoi buoni propositi per una vita migliore.

Dopo aver riflettuto sulla tua giornata, stabilisci l'obiettivo di svegliarti prontamente e di trascorrere un po' più di tempo nella consapevolezza di quanto ne hai trascorso oggi. Infine, fa' sì che il tuo allenamento continui a essere leggero e divertente. Rendi questo processo un'avventura. Non diventare troppo serio.

Capitolo 22

Trasformazione

Quando testiamo la stabilità delle nostre pratiche meditative sotto pressione, come facciamo con l'allenamento TEM, accade una cosa strana: inizialmente le sfide possono sembrare impossibili, ma, insistendo tenacemente, scopriamo presto che la qualità della nostra vita inizia a migliorare. Ci rendiamo conto che abbiamo più energia, siamo più ispirati e facciamo di più. In poche parole, ci sentiamo meglio, e quella sensazione positiva sembra espandersi nel mondo che ci circonda.

Facendo pratica con costanza, nell'arco di pochi mesi la maggior parte dei praticanti scoprirà di poter produrre facilmente tutti i suoni primari senza alcuna oscillazione evidente: A, E, I, O, U, M e N. A questo punto, la maggior parte delle persone si godrà così tanto le docce fredde da lavarsi sempre il corpo con l'acqua fredda, usando quella calda solo per lavarsi i capelli.

Di solito, dopo un mese di docce fredde si è pronti per iniziare a testare la meditazione della consapevolezza visiva all'interno della doccia e, poco dopo, la consapevolezza sferica. Alla fine noteremo l'Ingannatore e inizieremo a lavorare per attenuare e lasciar andare la paura che alimenta quella forza interiore.

Perseverando, non ci vorrà molto prima che tu possa meditare con relativa facilità ovunque ti trovi; vedrai che potrai anche meditare mentre cammini, mentre corri o fai una quantità di altre attività faticose. La consapevolezza diventerà parte integrante della tua vita quotidiana. Soprattutto, potrai svegliarti e andare a dormire col sorriso sulle labbra, perché ti sentirai bene.

Durante il periodo di formazione, è probabile che tu ti renda conto di avere smesso di rimandare le cose che devono essere fatte, perché ti accorgi che ogni volta che eviti di fare ciò che è necessario accumuli una sorta di debito psichico, e quel debito grava su di te. Notando il prezzo che paghi per ritardare la responsabilità, inizierai a occuparti delle cose immediatamente, e questo ti libererà la mente.

Quando la mente verrà liberata dal debito psichico, avrai accesso a più energia e ispirazione, che ti porteranno naturalmente ad affrontare paure, traumi e altri blocchi interiori che ti hanno trattenuto. Man mano che quelle paure e quei blocchi interiori si attenueranno, ti sentirai naturalmente attratto dall'idea di assumerti responsabilità sempre maggiori, per il solo motivo che ti sentirai bene a farlo.

Con la pratica, noterai anche che non cadrai preda di impulsi e compulsioni con la stessa frequenza di prima. Noterai anche che ti sentirai più incline a essere onesto con te stesso e con gli altri. Non sarai più propenso a sottometterti alle persone, nel tentativo di piacere, o a dominarle, per provare il gusto del potere. Man mano che la nostra energia aumenterà, emergerà la chiarezza interiore, mentre l'ansia diminuirà.

Con una pratica costante, sincera e giocosa, inizierai a notare che gli altri ti trattano in modo diverso. Potrebbero iniziare ad aprirsi nuove opportunità, perché altre persone scorgeranno in te una qualità ammirevole. Alcuni potrebbero dirti che vorrebbero essere un po' più come te o chiederti persino consigli su come migliorare la loro vita.

Emergerà una naturale fiducia che non avrà nulla a che fare con l'identità o con quello che le persone pensano di te. Questa fiducia sarà il tormento delle personalità tossiche: alcuni cercheranno di impedire i tuoi continui progressi, così da farti continuare a essere la persona che, un tempo, erano in grado di controllare; altri inizieranno ad allontanarsi da te. Li lascerai andare senza provare alcun rancore o forse continuerai a frequentarli, fingendo di essere ancora la persona che possono controllare. È la tua vita; tocca a te decidere. Detto questo, una volta che avrai abbastanza consapevolezza per vedere chiaramente la natura dell'Ingannatore, probabilmente ti muoverai verso una maggiore salute, indipendentemente da ciò che gli altri vogliono da o pensano di te, il che significa che sarai libero dai loro meccanismi di controllo.

Con la perseveranza, potresti iniziare a sentirti una persona completamente nuova, trasformata attraverso il quotidiano allenamento TEM. A quel punto, capirai perché il vecchio "tu" si sentiva così inadeguato e debole, ma non ti sentirai più come quella persona. Sarai inoltre capace di guardare le altre persone e vedere dentro di loro la stessa cosa che tratteneva te: l'Ingannatore.

Anche se, dopo un allenamento serio e di lunga durata, l'Ingannatore dovesse essere ancora lì, vedrai che si starà attenuando e starà opponendo resistenza ai tuoi saggi obiettivi notevolmente meno di quanto facesse prima di iniziare l'allenamento TEM. Poiché provi meno resistenza e meno caos interiore, la vita ti sembrerà molto più facile da affrontare. Il miglioramento che vedrai ti farà andare avanti nella consapevolezza, indipendentemente dalle circostanze della vita esterna. A un certo punto, ti renderai conto che – semplicemente – non potrai tornare alla vita come la vivevi prima dell'allenamento TEM, perché quel modo di vivere non ti interesserà più.

Se continuerai ad allenarti, entro un anno o due tutta la tua vita sarà probabilmente trasformata in meglio, non solo perché le circostanze esterne saranno cambiate in meglio, ma anche perché dall'abbondanza del tuo cuore fluirà nel mondo qualcosa di bello e di sano. Tutto questo avverrà perché hai deciso di sfidare la tua consapevolezza meditativa con le docce fredde e di praticare quotidianamente.

Ricorda: se applicherai gli strumenti trovati in questo libro per trascendere le resistenze che provi nella vita quotidiana, nulla potrà trattenerti, perché hai già fatto molta strada per vincere la tua più grande sfida: la guerra interiore. In questo mondo, non c'è sfida più grande di quella.

Continua la tua formazione!

Il tuo amico nella consapevolezza,
Richard L. Haight
10 giugno 2020

Consultazione rapida

Bilanciamento degli emisferi cerebrali attraverso la neuroplasticità (Capitolo 1)

Qualunque cosa tu possa fare con la tua mano dominante, esercitati a farlo con la mano non dominante, mirando a equilibrare le tue abilità tra la mano sinistra e quella destra. I migliori esercizi includono: scrivere, disegnare, mangiare, lavarsi i denti, lavarsi i capelli, trasportare cose, lanciare, battere, giocare a bowling, ecc.

Respirazione vagale (Capitolo 2)

1. Siediti, per essere al sicuro in caso di svenimento.
2. Fa' un respiro completo e trattienilo mentre contrai tutto il corpo. Assicurati di contrarre anche il viso. Mantieni la tensione insieme al respiro.
3. Sebbene possa sembrarti di avere i polmoni pieni, in realtà non è così. Senza espirare l'aria che hai nei polmoni, inspira di nuovo, così da riempirli completamente.
4. Trattieni l'aria e la tensione fisica il più a lungo possibile.
5. Quando non riesci più a trattenere il respiro, espira lentamente e rilassa il corpo. Consenti al tuo corpo di respirare naturalmente.

Sentire i suoni primari (Capitolo 5)

1. Siediti o stai dritto ma comodamente.
2. Rilassa il corpo e sfoca la mente mentre senti tutto il corpo fisico.
3. Inizia a vocalizzare "Ah" per alcuni secondi, mentre senti le vibrazioni nel corpo. Nota la forma e la direzione del viaggio vibrazionale.
4. Sposta il suono su "Eh" per alcuni secondi e osserva il cambiamento vibrazionale nella forma rispetto al suono "Ah". Nota la direzione in cui viaggia il suono.
5. Continuando, cambia il suono in "Ih" per un breve periodo. Senti e nota la forma e la direzione del viaggio del suono rispetto al suono "Eh".
6. Passa al suono "Oh" e osserva il cambiamento, la forma e il viaggio del suono.
7. Passa al suono "Uh" e senti le sue qualità.
8. Emetti il suono "Mmm" e osserva la sua natura.
9. Infine, emetti il suono "Nnn" e percepisci le sue dimensioni.
10. Emettili tutti in un'espirazione, mentre senti il cambiamento tra di loro: "Ah", "Eh", "Ih", "Oh", "Uh", "Mmm" e "Nnn".

Sensibilità al suono (Capitolo 6)

Emetti tutti i suoni "Ah", "Eh", "Ih", "Oh", "Uh", "Mmm" e "Nnn" mentre senti tutto il corpo. Nota quali suoni sono più piacevoli e quali meno piacevoli per il tuo corpo.

Terapia del suono (Capitolo 6)

1. Prova ogni suono e, al contempo, senti la risposta del corpo: "Ah", "Eh", "Ih", "Oh", "Uh", "Mmm" e "Nnn".
2. Il suono che è terapeutico in questo momento verrà avvertito come giusto o appagante per il tuo corpo.
3. Esercitati sul suono che produce la sensazione più positiva per 5-10 minuti.

Respiro di fuoco (Capitolo 8)

- Da utilizzare all'inizio di una doccia fredda per tenere sotto controllo la respirazione.
- Per guidare intenzionalmente la respirazione convulsa verso delle inspirazioni ed espirazioni rapide, piene e potenti.

Testare la potenza delle docce fredde (Capitolo 8)

1. Aspetta finché non avverti delle emozioni negative o un qualche altro disagio emotivo.
2. Vai nel bagno, spogliati e posizionati sotto il flusso dell'acqua più fredda che la tua doccia è in grado di fornirti, nell'attesa che l'abbraccio scioccante dell'acqua fredda lavi via la negatività.
3. Rimani completamente sotto l'acqua corrente per almeno un minuto usando il Respiro di fuoco.
4. Dirigi l'acqua sul viso, sulla testa, sul petto, sulla schiena, nei punti in cui la tua respirazione è più difficoltosa.
5. Cerca di non sfuggire al flusso in alcun modo.
6. Dopo aver controllato la respirazione, cerca di rilassarti.
7. Rilascia intenzionalmente la negatività insieme al respiro.
8. Dopo un minuto, chiudi l'acqua, esci dalla doccia e asciuga il corpo.
9. Nota come ti senti.

Prima doccia di allenamento (Capitolo 8)

1. Prima di iniziare l'allenamento con la doccia fredda, imposta un timer di 10 minuti, per ricordarti di uscire dalla doccia.
2. Per ottenere il massimo beneficio da una doccia fredda, falla come prima cosa al mattino, dopo aver usato il bagno.
3. Pensandoci il meno possibile, spogliati, entra nella doccia e, se riesci a farlo, posizionati completamente sotto il soffione.
4. Apri l'acqua all'impostazione più forte e fredda possibile.
5. Nota qualsiasi sussulto o respiro instabile.

6. Durante il primo minuto, usa il Respiro di fuoco per controllare il respiro, dirigendo il flusso dell'acqua direttamente nei punti che ti causano la maggiore tensione respiratoria.
7. Dopo il primo minuto, cerca di rimanere nella doccia fredda il più a lungo possibile, ma non oltre i 10 minuti.

Approccio graduale (Capitolo 8)

1. Dirigi il getto della doccia prima sui tuoi piedi, poi gradualmente su per le gambe, all'inguine, quindi al basso addome. Potresti anche dirigere il getto sulle braccia prima di dirigerlo infine su busto, viso, testa, spalle e schiena.
2. Annota mentalmente il tempo in cui sei rimasto sotto la corrente fredda e, se sei riuscito a calmare il respiro, approssimativamente quanto tempo ti è occorso per farlo.
3. Una volta terminata la doccia, asciugati immediatamente.

Il metodo del lavandino (Capitolo 8)

1. Metti la testa sotto il rubinetto del lavandino e fai scorrere l'acqua fredda sopra la testa.
2. Usa una mano per dirigere l'acqua del rubinetto su viso e collo.
3. Continua questo processo per almeno un minuto.
4. Quando hai finito con la testa, il viso e il collo, fai scorrere l'acqua fredda sulle braccia.
5. Una volta che hai finito con l'acqua, tieni la testa sopra il lavandino per alcuni minuti per far gocciolare l'acqua ed essere esposto all'aria della stanza.
6. Presta attenzione al tuo respiro. Potresti notare che, ogni tanto, lasci uscire dei grandi respiri, poiché il tuo corpo fa naturalmente un'ampia inspirazione e un'espirazione rinvigorente.
7. Asciugati e inizia la tua giornata.

Sindrome di Raynaud e docce fredde (Capitolo 9)

1. Fai una doccia fredda stando in piedi nell'acqua calda o tiepida del bagno.

2. Non appena la doccia è completa, immergiti nel bagno caldo per riscaldare rapidamente la temperatura interna, il che riporterà il sangue nelle aree affette dalla malattia.

Per i casi estremi:

1. Riempi la vasca con acqua calda e fai il bagno finché il tuo corpo non è completamente caldo.
2. Una volta che la batteria del corpo è carica di calore, alzati in piedi nell'acqua calda e apri la doccia fredda. In questo modo, scoprirai che il freddo non è così scioccante, perché il tuo corpo irradia un calore notevole.
3. Una volta terminata la doccia, se hai qualche segno di attivazione del Raynaud, sdraiati nella vasca da bagno per riscaldarti.

Altre disabilità (Capitolo 9)

1. Usando il lavandino o un secchio di acqua fredda, bagna un panno e usalo per spargere l'acqua fredda sul tuo corpo.
2. Inumidiscilo continuamente con acqua fredda mentre detergi il corpo, così da mantenere la temperatura fredda.
3. Dopo aver bagnato il corpo, asciugati all'aria. Qualsiasi sintomo di Raynaud che si manifesti è un indicatore della necessità di saltare l'asciugatura all'aria.
4. Durante l'asciugatura all'aria, noterai probabilmente brividi e capezzoli eretti. Va bene.
5. Se hai altri sintomi di ipotermia, assicurati di asciugarti immediatamente e di rimetterti i vestiti.

Misurare il progresso attraverso i suoni primari (Capitolo 10)

1. Subito prima di entrare nella doccia, fai un respiro completo e inizia a vocalizzare ad alta voce i suoni primari di "Ah" per avere uno standard di riferimento per la stabilità del suono quando non sei sotto pressione.

2. Assicurati di aprire la bocca abbastanza da far risuonare sufficientemente il suono, ma non emetterlo a un volume tale da infastidire i membri della famiglia.
3. Continua a emettere il suono finché i tuoi polmoni non saranno vuoti.
4. Ora che hai il tuo standard di riferimento per il tuo suono principale, entra nella doccia, fai un altro respiro e inizia a produrre il suono.
5. Apri immediatamente l'acqua e fai in modo che scorra sopra la testa, il petto e la schiena, soprattutto nelle aree più difficili.
6. Nota qualsiasi oscillazione del suono primario.
7. Con questo in mente, ogni giorno cerca di produrre nella doccia fredda gli stessi suoni corposi e lunghi che emettevi prima di farla.
8. Nota che qualsiasi contrazione polmonare può essere facilmente udita e percepita durante il canto.
9. Quando scoprirai di poter riprodurre un suono "Ah" perfetto, la prossima sfida sarà con il suono "Eh".
10. Una volta che potrai produrre un suono "Eh" solido, passa al suono "Ih" e guarda come va.
11. Con la padronanza del suono "Ih", prova il suono "Oh" e il suono "Uh", per scoprire qual è la sfida successiva. Non dimenticare i suoni "Mmm" e "Nnn".

Capire la relazione tra livelli di energia e resistenza (Capitolo 11)

1. Per i prossimi giorni, fai la doccia fredda in un momento della giornata in cui sei al picco di energia o vicino ad esso.
2. Quando sei al massimo dell'energia, nota il grado di resistenza mentale e fisica che senti di possedere immediatamente prima di aprire l'acqua.
3. Nota il grado di disagio che avverti sotto la doccia e il tempo che puoi rimanere nell'acqua fredda rispetto a quando fai la doccia per prima cosa al mattino.

Esperimento: caricare il corpo con il calore (Capitolo 11)

1. Per prima cosa, al mattino, alzati, vai in bagno e riempi la vasca con acqua calda a tuo piacimento.
2. Prenditi cura delle tue necessità in bagno; quindi, quando la vasca è piena, togliti i vestiti ed entra.
3. Rimani nell'acqua calda per cinque o dieci minuti, così da alzare completamente la temperatura corporea.
4. Una volta che il tuo corpo è carico di calore, scarica l'acqua, alzati e mettiti sotto il soffione della doccia.
5. Apri la doccia al massimo del freddo e guarda come reagisce il tuo corpo al freddo rispetto alle volte in cui non hai caricato il corpo di calore.

Trascendere i dialoghi mentali resistenti (Capitolo 11)

1. Nota quando sorge la resistenza e la narrazione mentale che l'accompagna.
2. Nota come una forza interiore mira a fare ciò che è sano e un'altra forza interiore sembra mirata a evitare il disagio.
3. Nota quali forze predicono le nostre azioni e inazioni, poiché quelle forze rappresentano i nostri schemi più profondi, molti dei quali, probabilmente, andrebbero attenuati, se vogliamo fare progressi reali.
4. Sostieni le forze interiori sane portando costantemente a termine i loro obiettivi.

Una guida per poterti fare strada tra i dialoghi mentali resistenti (Capitolo 12)

1. Quando noti una narrazione interna resistente alla doccia fredda, vedi se sembra che sia la tua voce. Se sembra la tua voce, vuol dire che ti sei identificato con i tuoi pensieri ed emozioni, il che significa che pensi che siano te.
2. Fa' una pausa, rilassati e sfoca del tutto la mente.
3. Una volta rilassata e sfocata la mente, prova a utilizzare il metodo del lavandino che hai imparato nel Capitolo 8.

4. Potresti scoprire di essere in grado di usare quel metodo perché rappresenta un piacevole passo indietro rispetto alla minaccia della doccia fredda, che la forza resistente interna era così concentrata a evitare.
5. Una volta che il tuo nervo vagale è stato stimolato dal metodo del lavandino, prendi di nuovo in considerazione la doccia. Saresti disposto a bagnarti i piedi? Ci sono delle probabilità che la risposta sia "sì".
6. Entra nella doccia e bagnati i piedi, senza pensare ad altro al di là di questo passaggio.
7. Tieni il getto freddo sui piedi per un po' e poi chiediti se puoi provare a puntare l'acqua verso la parte inferiore delle gambe. Probabilmente scoprirai che puoi.
8. Ora prova la parte superiore delle gambe.
9. Continua finché, alla fine, non raggiungi un punto oltre il quale non sei proprio disposto ad andare. Se riscontri un blocco che ti sembra difficile da eliminare, fermati, esci e chiudila lì.
10. Il giorno dopo, fai la stessa cosa e vedi quanto puoi arrivare lontano. È probabile che, entro una settimana o due, potrai fare la doccia completa senza quasi alcuna resistenza da parte della voce interiore.
11. Il passo successivo nell'affrontare la forza interiore che ti ostacola è vedere se ora puoi entrare direttamente nella doccia e accelerare il processo di esposizione all'acqua fredda rendendolo una progressione fluida, invece che un processo graduale.
12. Se sarai perseverante per alcuni giorni o settimane, ci vorranno solo 10-20 secondi per portare l'acqua alla testa.
13. Una volta arrivato a quel punto, il passo successivo è vedere per quanto tempo puoi rimanere sotto la doccia fredda.
14. Fermati prima che la resistenza diventi troppo forte.
15. Alla fine, perderai l'abitudine agli approcci graduali.

Iniziare con l'acqua tiepida (Capitolo 13)

1. Questo metodo consiste nell'entrare nella doccia con l'intenzione di utilizzare prima acqua tiepida, portandola lentamente verso il freddo mentre ti acclimati fisicamente e mentalmente durante la sessione.

2. Nell'arco di alcuni giorni, sarai in grado di farti docce gradualmente più fredde.

Una guida per trovare la strada attraverso l'iperattività (Capitolo 13)

1. Nota quando il tuo corpo sembra non voler affrontare la doccia.
2. Nota le sensazioni di evitamento, come il desiderio di tornare a dormire o forse quello di cambiare la tua routine mattutina per rimandare la doccia.
3. Per prima cosa, prova semplicemente la sensazione per un momento, per riconoscere la sua presenza; quindi sfoca la mente e medita, per calmare la consapevolezza.
4. Una volta calmo e centrato nella consapevolezza, entra in contatto con l'energia o la forza dentro di te che sente l'amore incondizionato e vuole che tu diventi più forte, più sano e più consapevole.
5. Una volta entrato in contatto con questa benevola forza interiore, chiediti se, per te, è meglio fare oppure non fare la doccia fredda.
6. Se sei collegato alla benevolenza, a ciò che mira a realizzare il tuo pieno potenziale come essere umano, saprai se stai inconsciamente cercando di sfuggire al disagio o se quel giorno c'è un motivo valido per saltare o rimandare la doccia.

Applicare il principio dell'Unico respiro (Capitolo 14)

Ogni volta che hai una buona idea o un piano d'azione, nell'arco di un respiro intraprendi una qualche forma di azione fisica per aiutare il pensiero o il piano a realizzarsi nel mondo, come, ad esempio, scrivere le tue idee su un taccuino tascabile.

Meditazione sulla consapevolezza visiva (Capitolo 15)

1. Imposta un timer a 15 minuti.
2. Siediti comodamente con gli occhi aperti e rilassati.
3. Sfoca la mente e guarda dritto davanti a te, con l'obiettivo di vedere l'intero campo visivo.

4. Per essere sicuro di vedere l'intero campo visivo, senza muovere gli occhi prendi nota mentalmente di un luogo o di un oggetto, sul lato destro, che segna il limite del tuo campo visivo.
5. Trova i marcatori per il lato sinistro, così come i punti più alti e più bassi che puoi vedere.
6. Rimani visivamente consapevole dell'intero campo visivo.
7. Rilassa tutto il corpo, ma soprattutto gli occhi, le labbra, la mascella, il collo, le spalle, le mani e il respiro.
8. Nota le differenze tra la visione foveale (focalizzata) e quella periferica (sfocata), in considerazione delle diverse sensazioni che il tuo corpo prova utilizzando l'una o l'altra. Quali sono, in base alla tua esperienza, i vantaggi di ciascuna modalità visiva?
9. Dopo 15 minuti di meditazione di consapevolezza visiva da seduti, sfida la tua meditazione guardandoti intorno con gli occhi sfocati.
10. Prova a muovere un braccio o una gamba.
11. Prova ad alzarti e a sederti di nuovo.
12. Prova a camminare.

Meditare sotto pressione (Capitolo 15)

1. Prima di iniziare l'allenamento con la doccia fredda, imposta un timer di 10 minuti, per ricordarti di uscire dalla doccia.
2. Prima di entrare in bagno, entra in uno stato meditativo tramite la meditazione di consapevolezza visiva.
3. Rilassa il corpo e la mente in profondità, senza pensare alla doccia.
4. Se puoi, entra nella doccia senza pensare all'acqua fredda.
5. Assicurati di essere ancora in uno stato meditativo, prima di iniziare la doccia.
6. Vedi se riesci ad aprire l'acqua mantenendo il rilassamento fisico e mentale.
7. Tieni gli occhi sfocati.
8. Se, quando guardi la manopola della doccia, ti accorgi che la mente o il corpo sono tesi al pensiero ci ciò che stai per fare, allora sai che sono la paura e l'anticipazione del disagio a tirarti fuori dalla consapevolezza primaria.

9. Nota cosa fa la mente. Non c'è niente di speciale che devi fare contro la tensione, se non rilassare il corpo e sfocare di nuovo la mente, mentre guardi la manopola della doccia.
10. Una volta rilassato, inizia la doccia dirigendo il flusso di acqua fredda verso i piedi, tramite l'approccio graduale che abbiamo imparato nel Capitolo 8.
11. Ogni volta che avverti che la tua meditazione si interrompe o si indebolisce, allontana il soffione della doccia e torna alla meditazione, prima di ripartire col processo graduale.
12. Arriva il più in alto possibile rimanendo in meditazione.
13. Cerca di rimanere in uno stato meditativo mentre, tenendo gli occhi chiusi, punti il soffione verso il viso. Ricorda di rilassarti il più possibile e di rimanere mentalmente sfocato.
14. Quando esci dalla doccia, assicurati di essere in alfa cosciente (consapevolezza meditativa).
15. Asciugati e vestiti mentre mediti.
16. Esci dal bagno e guarda per quanto tempo riesci a svolgere le tue attività quotidiane mentre sei consapevole.

Meditazione della consapevolezza sferica (Capitolo 16)

1. Mentre guardi dritto davanti a te, porta brevemente la tua attenzione sul lato sinistro, senza guardarlo fisicamente.
2. Ora fa' la stessa cosa con il lato destro.
3. Riprova, stando attento all'area dietro di te.
4. Fallo ancora una volta in ogni direzione, rapidamente: sinistra, destra, dietro, su e giù.
5. Ora riprova, ma stando rilassato.
6. Guarda per quanto tempo puoi rimanere in una rilassata consapevolezza sferica.

Allenamento sotto pressione alla consapevolezza sferica (Capitolo 16)

1. Imposta un timer di 10 minuti, per ricordarti di uscire dalla vasca prima dell'inizio dell'ipotermia.

2. Assicurati di essere in consapevolezza sferica, prima di entrare nel bagno freddo.
3. Vedi se riesci a entrare e sederti con un movimento armonioso, consapevole e senza interruzione, che fluisca nel movimento successivo, senza pause né fretta.
4. Una volta seduto, senza pause né fretta, allunga le gambe per immergerle completamente nell'acqua.
5. Quando le gambe sono completamente bagnate, trattieni il respiro e sdraiati nel modo più tranquillo possibile, per immergere il busto e la testa.
6. Mentre sei in consapevolezza sferica, rimani sommerso finché riesci a trattenere comodamente il respiro.
7. Una volta che sei pronto per fare il respiro successivo, siediti e rilassati completamente in una meditazione profonda.
8. Quando ti siedi, il calore del tuo corpo riscalderà l'acqua vicina, e questo creerà una barriera isolante dall'acqua più fredda. Ogni tanto usa le mani e le gambe per muovere lievemente l'acqua, in modo che il tuo corpo possa provare le temperature più fredde disponibili.
9. Dopo circa un minuto di meditazione, con calma, trattieni il respiro e immergi nuovamente la parte superiore del corpo e la testa, finché non sei pronto per fare un altro respiro.
10. Al limite dei dieci minuti (o prima, se si verificano sintomi di ipotermia), esci dalla vasca con calma e consapevolezza sferica.
11. Asciugati e vestiti, e continua la tua giornata restando nella consapevolezza sferica.

Una volta che hai imparato a rimanere sfericamente consapevole attraverso il bagno di base qui delineato, dimentica il procedimento e, durante il bagno freddo, fai tutto ciò che ti sembra giusto, tenendo sempre conto delle precauzioni di sicurezza. Tramite l'esperienza, scopri la tua strada, partendo da una profonda consapevolezza sferica.

Giorni di malattia (Capitolo 17)

1. Se una mattina non ti senti bene, potresti omettere il bagno freddo e anche la doccia fredda e utilizzare, invece, solo il metodo del lavandino descritto nel capitolo 8.

2. Se la tua energia è estremamente bassa, hai febbre, brividi o sintomi di malattia, evita tutte le forme di allenamento con il freddo, poiché possono indebolire ulteriormente il corpo. In giorni come questi dovresti riposare.
3. Se non stai male, ma ti senti un po' a corto di energia, potresti continuare l'allenamento con il metodo del lavandino descritto nel Capitolo 8.

Sintomi di ipotermia (Capitolo 17)

- Brividi
- Discorsi impacciati o borbottii
- Respiri lenti e superficiali
- Polso debole
- Goffaggine o mancanza di coordinazione
- Sonnolenza o energia estremamente bassa
- Confusione o perdita di memoria
- Perdita di conoscenza

Fattori di rischio di ipotermia (Capitolo 17)

- La stanchezza o l'esaurimento ridurranno la tua tolleranza al freddo.
- L'età avanzata può ridurre la capacità del corpo di regolare la temperatura corporea e di percepire i sintomi dell'ipotermia.
- Nell'adolescenza, il corpo perde calore più velocemente rispetto al tempo che impiega di solito in età adulta.
- Problemi mentali come la demenza e altre condizioni possono interferire con il giudizio o la consapevolezza dei sintomi dell'ipotermia, al loro manifestarsi.
- L'alcol provoca la dilatazione dei vasi sanguigni, il che può far sentire il corpo caldo. A causa della dilatazione dei vasi sanguigni, che invece dovrebbero contrarsi per proteggerti dal freddo, il corpo perderà calore più rapidamente. Inoltre, l'alcol diminuisce la naturale risposta dei brividi, che è uno dei primi segni di cui hai bisogno per uscire dall'acqua. Con l'alcol c'è anche il rischio di svenire nell'acqua.

- Le droghe ricreative influenzano il giudizio e possono comportare svenimenti nell'acqua fredda.
- Condizioni mediche che influenzano la regolazione della temperatura corporea, come ipotiroidismo, anoressia nervosa, diabete, ictus, artrite grave, morbo di Parkinson, traumi e lesioni del midollo spinale, aumentano il rischio di ipotermia.
- Farmaci come antidepressivi, antipsicotici, antidolorifici e sedativi possono ridurre la capacità del corpo di regolare il calore.

Meditazione nel bagno freddo (Capitolo 17)

1. Imposta un timer di 10 minuti, per ricordarti di uscire dalla vasca prima dell'inizio dell'ipotermia.
2. Prima di entrare nel bagno freddo, assicurati di essere in consapevolezza sferica.
3. Vedi se riesci a entrare e sederti con un movimento armonioso, consapevole e senza interruzioni che fluisca nel movimento successivo, senza pause né fretta.
4. Una volta seduto, senza pause né fretta, allunga le gambe per immergerle completamente nell'acqua.
5. Una volta che le gambe sono completamente bagnate, trattieni il respiro e sdraiati il più tranquillamente possibile, per immergere il busto e la testa.
6. Rimani sommerso per tutto il tempo che riesci a trattenere comodamente il respiro, mentre sei nella consapevolezza sferica.
7. Una volta che sei pronto a fare il respiro successivo, siediti e rilassati completamente in una meditazione profonda.
8. Quando ti siedi, il calore del tuo corpo riscalderà l'acqua vicina, e questo creerà una barriera isolante dall'acqua più fredda. Ogni tanto, usa le mani e le gambe per muovere con grazia l'acqua, in modo che il tuo corpo possa sperimentare le temperature più fredde disponibili.
9. Dopo circa un minuto in meditazione, con grazia, trattieni il respiro e immergi nuovamente la parte superiore del corpo e la testa, finché non sei pronto a fare un altro respiro.

10. Al limite dei dieci minuti (o prima, se si verificano sintomi di ipotermia), esci dalla vasca con calma e consapevolezza sferica.
11. Asciugati e vestiti, e continua la tua giornata restando nella consapevolezza sferica.
12. Una volta che hai imparato a rimanere sfericamente consapevole durante il bagno di base qui delineato, dimentica la forma e, mentre sei nel bagno freddo, fai tutto ciò che ti sembra giusto, tenendo sempre conto delle precauzioni di sicurezza. Attraverso l'esperienza, trova la tua strada partendo da una profonda consapevolezza sferica.

Vista a raggi X (Capitolo 18)

1. Con gli occhi aperti, immagina di avere la vista a raggi X, che ti permette di vedere attraverso muri, stanze, porte, corridoi, ecc. che si trovavano oltre la tua vista fisica.
2. Se sei all'aperto, potresti visualizzare la disposizione del terreno, gli alberi, le colline, i fiumi, ecc. che sono oltre la tua vista fisica.
3. Crea una mappa mentale tridimensionale dei tuoi dintorni, in modo che, se chiudi gli occhi, puoi immaginare l'intero spazio che include gli oggetti ovvi, come i mobili.

Ruotare con la vista a raggi X (Capitolo 18)

1. Alzati e guardati intorno per creare una mappa mentale di ciò che ti circonda.
2. Una volta mappato l'ambiente circostante, estendi la tua consapevolezza all'intera area in modo sferico, come hai già imparato a fare.
3. Una volta estesa la consapevolezza, chiudi gli occhi, mentre attivi la tua immaginaria vista a raggi X, e inizia a girare lentamente sul posto, come la lancetta di un orologio.
4. Mentre giri lentamente con gli occhi chiusi, scegli un oggetto, come una stanza o una porta, da indicare dopo aver effettuato diverse rotazioni di 360 gradi.

5. Non appena senti che la stanza o l'oggetto è allineato con il tuo naso, fermati e indicalo con gli occhi ancora chiusi.
6. Apri gli occhi per verificare la tua precisione.

Vista topografica (Capitolo 18)

1. Da uno stato meditativo, immagina che il tuo "occhio spirituale" si sollevi fuori dal tuo corpo e vada in alto, nell'aria, per guardare verso il basso alla topografia che ti circonda.
2. Mentre ti sposti, continua ad aggiornare la vista topografica.

Gioco dell'assassino (Capitolo 18)

In questo gioco, devi immaginare che le altre persone siano assassini che vogliono prenderti.
1. L'idea è di espandere la tua consapevolezza all'intero spazio della tua casa, con l'obiettivo, ad esempio, di sentire in ogni istante dove sono le altre persone.
2. Per segnare un punto, devi notare qualcuno che ti si avvicina prima che arrivi a 3 metri da te.
3. Se qualcuno si avvicina a meno di 3 metri da te prima che te ne accorga, sei morto. In tal caso, il tuo "avversario" segna un punto.
4. Alla fine di ogni giornata, conta quante volte hai evitato l'assassinio rispetto a quante volte sei stato assassinato.
5. Man mano che acquisisci abilità, aumenta la sfida aggiungendo più metri alla distanza dell'assassinio.

Punti ciechi (Capitolo 18)

1. Da uno stato meditativo, inizia a notare dove guardi mentre cammini per casa, guidi per andare al lavoro e ritornare e visiti altri luoghi frequentati.
2. Nota le zone e le cose che guardi sistematicamente ogni volta che ti muovi attraverso l'area. Nota anche i luoghi che tendi a tralasciare.
3. Una volta che inizi a percepire i tuoi punti ciechi, prendi nota dei punti ciechi dei tuoi familiari e dei tuoi vicini.

4. Nota anche i loro schemi regolari. Ad esempio, potresti prestare attenzione al momento in cui tendono a ricevere la posta, portare fuori la spazzatura, andare al lavoro, tornare, ecc.
5. Buon divertimento!

Consapevolezza dell'entrata (Capitolo 18)

Lo scopo di questo gioco è ricordarti di essere sfericamente consapevole e nella migliore posizione possibile ogni volta che ti muovi attraverso una porta o un altro passaggio stretto.

1. Usa tutte le porte, i corridoi o altri spazi ugualmente stretti, compresi quelli a casa, come trigger per riconnetterti alla consapevolezza sferica.
2. Cerca di essere l'ultimo a entrare o a uscire da qualsiasi porta o passaggio.

Posizionamento (Capitolo 18)

1. Usa la consapevolezza sferica per notare la disposizione generale dell'edificio e le sue uscite.
2. Nota quale tavolo offre il posto più sicuro per sedersi e osservare.
3. Prova a scegliere un tavolo che abbia il minor numero di vettori di attacco e che, allo stesso tempo, offra la migliore visuale dell'intero spazio. Un tavolo in un angolo offre il miglior punto di osservazione possibile senza esporre la schiena.
4. Evita di sederti vicino a finestre, porte, passaggi o al centro della stanza.
5. Se il tavolo ideale non è disponibile, punta al secondo tavolo migliore che offra una buona visuale e relativamente pochi vettori di attacco.
6. Una volta trovato il miglior tavolo possibile, vedi se puoi convincere il tuo gruppo a sedervisi.
7. Dopo esserti spostato al tavolo selezionato, siediti nel posto che offra i maggiori vantaggi per i tuoi immaginari compiti di protettore. Quel posto consentirà una consapevolezza visiva perfetta dell'intero spazio e, al contempo, anche un movimento ottimale.

Uscite alternative (Capitolo 18)

1. Quando ti trovi in ristoranti o altri edifici, mappa mentalmente la disposizione del luogo mentre ti trovi in consapevolezza sferica.
2. Prendi nota di eventuali finestre e porte apribili.
3. Guarda in cucina, per notare se c'è una porta sul retro.
4. Controlla in bagno per verificare la presenza di una finestra che potresti usare come uscita.

Promemoria orario (Capitolo 19)

1. Guarda l'orologio. Passa rapidamente a una consapevolezza sferica rilassata e mantienila finché non ti senti in uno stato meditativo.
2. Non appena senti di essere in uno stato meditativo, distogli lo sguardo dall'orologio e concentra intenzionalmente la tua mente, per tornare a uno stato non meditativo.
3. Guarda di nuovo l'ora e torna indietro nella consapevolezza sferica.
4. Una volta che hai meditato, distogli lo sguardo e concentra la mente, per tornare a un'onda cerebrale beta focalizzata.
5. Ripeti il processo almeno 5-10 volte.

Testare il promemoria (Capitolo 19)

1. Una volta programmato il promemoria, dimentica la meditazione e svolgi le tue normali attività quotidiane.
2. Se il promemoria funziona, la prossima volta che controllerai l'ora, ti ricorderai di meditare.
3. Se il promemoria non ha funzionato, significa che devi dedicare un po' più di tempo a programmarlo nella tua mente.
4. Una volta programmato un promemoria, è necessario mantenere l'associazione per far sì che continui a funzionare.
5. Il modo per mantenere il promemoria è meditare, anche se solo brevemente, ogni volta che vedi l'ora.
6. Se non mediti quando vedi l'ora, stai annullando l'associazione.

Promemoria sull'asimmetria (Capitolo 19)

1. Capovolgi un vaso.
2. Inclina intenzionalmente una foto o un dipinto sul muro.
3. Disallinea leggermente i mobili.
4. Ogni volta che vedi l'asimmetria, ti viene ricordato di meditare.

Gioco di asimmetria (Capitolo 19)

1. Arruola membri della famiglia o coinquilini, perché creino asimmetrie che tu possa individuare.
2. Correggi le asimmetrie man mano che le individui.
3. Verifica con la persona alla fine di ogni giornata, per vedere se hai trovato l'asimmetria che hanno creato.
4. Se le asimmetrie sono troppo lievi per essere notate, chiedi loro di renderle un po' più ovvie.
5. Se le asimmetrie si notano facilmente, potresti chiedere loro di apportare piccoli aggiustamenti, per metterti alla prova.

Trasformare l'Ingannatore (Capitolo 20)

1. Entra nella doccia, posizionati davanti alla manopola, direttamente sotto il soffione, guardandola con l'intenzione di ruotarla nell'impostazione più fredda possibile. Avverti ogni segnale dell'Ingannatore.
2. Nota qualsiasi tensione, esitazione, ansia o altri sentimenti negativi.
3. Nota se provi ansia, non importa quanto leggera.
4. Quando noti i segnali dell'Ingannatore, vedi se riesci a trovare dove è centrato nel corpo.
5. Sempre guardando il soffione della doccia, pronto a mettere la manopola sul freddo, nota la sensazione e individuala toccando il punto con la punta del dito.
6. Apri l'acqua, con l'obiettivo di placare e rilasciare ansia, paura e negatività.
7. Stai lì sotto il soffione della doccia finché l'ansia non si dissolve.
8. Chiudi la doccia e resta lì per 15 o 20 secondi.

9. Quindi guarda di nuovo il soffione, con la determinazione di fare un secondo round.
10. Nota se c'è qualche esitazione o ansia.
11. Metti il dito nel punto in cui l'avverti nel tuo corpo.
12. Gira di nuovo la manopola per un'altra doccia.
13. Lascia andare ogni resistenza finché non fai un ampio sorriso.
14. Ripeti questo processo più e più volte, fino a quando tutte le esitazioni non saranno totalmente sparite.

Attenzione: se noti brividi o uno degli altri segnali di ipotermia elencati nel capitolo 17, fermati subito, anche se c'è ancora qualche esitazione. Basta che tu sia determinato a ripetere lo stesso processo il giorno successivo.

Svegliati! (Capitolo 21)

Sistemi per aiutarti ad alzarti presto e rapidamente:
- Prima di andare a dormire, imposta l'intenzione di immaginare che ci sia uno sconosciuto nella stanza e che tu debba alzarti immediatamente per proteggere te stesso e la tua famiglia.
- Prima di andare a dormire, prepara un piano d'azione dettagliato per la prima ora della giornata.
- Sposta la sveglia fuori dalla portata del braccio, così che tu debba alzarti dal letto per spegnerla.

La stanza da bagno (Capitolo 21)

1. Una volta alzato dal letto, vai direttamente in bagno per liberare la vescica e intrattieniti meditativamente con il tuo insegnante: il freddo.
2. Una volta che hai finito di urinare, apri una finestra per far entrare l'aria fresca. Da uno stato meditativo, senti e annusa la freschezza dell'aria.
3. Osserva il mondo intorno a te.
4. Se hai intenzione di esercitarti con i suoni primari, potresti chiudere la finestra, in modo da non disturbare i tuoi vicini, se ne hai.
5. Fai la doccia o il bagno freddo in uno stato meditativo. Ricordati di sorridere!

Uscire dalla stanza da bagno (Capitolo 21)

1. Esci dal bagno in uno stato di consapevolezza sferica.
2. Senti la casa e usa la visione a raggi X.
3. Muoviti silenziosamente nella consapevolezza, come se stessi cercando un intruso.
4. Vedi se riesci a notare dove sono i membri della famiglia e cosa stanno facendo, prima ancora di vederli fisicamente. Rendilo divertente.
5. Se sei un bevitore di caffè o tè, mentre aspetti che la bevanda sia pronta, presta attenzione all'intero spazio intorno a te mentre fai qualcosa di produttivo.

La giornata (Capitolo 21)

1. Passa la giornata prestando attenzione ai promemoria che hai impostato.
2. Ogni volta che noti un trigger, assicurati di diventare sfericamente consapevole, anche se solo per un minuto.
3. Ogni volta che entri nella consapevolezza sferica, vedi se riesci a ridurre la quantità di sforzo necessario per farlo e se puoi mantenerla un po' più a lungo.
4. Durante la giornata, nota l'Ingannatore che giustifica, ritarda, evita, critica e condanna.
5. Ogni volta che noti quell'energia, placa il tuo spazio interiore e torna alla consapevolezza sferica.

Andare a dormire (Capitolo 21)

1. Prima di andare a letto, fa' un resoconto della tua giornata.
    - Che tipo di impulsi e compulsioni hai provato?
    - Hai detto loro di sì o di no?
    - Che cosa hai fatto di coinvolgente ma non significativo, sempre che tu l'abbia fatto?
    - Sei tornato ad abitudini inutili e comfort distraenti?

2. Prima di andare a dormire, fai un piano per fare qualcosa in più di coinvolgente, significativo, utile e necessario, rinunciando al comfort compulsivo.
3. Poniti l'obiettivo di svegliarti e di trascorrere nella consapevolezza un po' più di tempo rispetto a quanto hai fatto oggi.
4. Fai attenzione a non biasimarti, vergognarti o sentirti in colpa. Mantieni il gioco leggero e divertente.

Anteprima della Meditazione del guerriero

Il libro da leggere insieme a *Consapevolezza incrollabile*

La Meditazione del guerriero, del pluripremiato autore de *L'Anima liberata*, Richard L. Haight, insegna la forma di meditazione originale, istintiva e non religiosa che era andata persa per il mondo. Richard L. Haight, maestro di quattro arti samurai, condivide il segreto meglio custodito nel mondo del miglioramento personale, dello sviluppo cognitivo e della riduzione dello stress.

Per persone di ogni estrazione, sesso ed età

Potresti chiederti in che modo l'esperienza del samurai abbia una qualsiasi somiglianza con la tua vita moderna. Dopotutto, nessun esercito o assassino sembra stia cercando di attaccare te o la tua città. In un certo senso, però, noi moderni non siamo così diversi dai samurai. Con le nostre vite piene di impegni, non abbiamo la possibilità di trascorrere ore al giorno in meditazione. In un mondo frenetico e sotto pressione, abbiamo invece bisogno di una meditazione che consenta alle nostre azioni di fluire dalla profondità della consapevolezza. La meditazione del guerriero ti aiuta ad accedere a quella profondità e ad esprimerti partendo da essa, in modo naturale.

La meditazione del guerriero è diversa da qualsiasi altra meditazione. È un metodo flessibile nell'applicazione, il che le consente di fondersi con tutto ciò che la tua giornata ti riserva. Attraverso brevi sessioni quotidiane avrai la possibilità di accedere, durante la tua vita attiva, ai numerosi e scientificamente provati vantaggi per la salute fisica e cognitiva offerti dalla meditazione quotidiana. Ora non hai più bisogno di ritirarti dalla vita per meditare, perché con *La Meditazione del guerriero* puoi portare con te calma, chiara consapevolezza e vita vibrante ovunque tu sia. Alla fine, includerai pienamente la meditazione come un modo di essere e non solo come un modo di fare.

Altri libri di Richard L. Haight

La meditazione del guerriero
The Unbound Soul
Inspirience: Meditation Unbound
The Psychedelic Path

A proposito dell'autore

Richard L. Haight è l'autore dei bestseller *La Meditazione del guerriero* e *L'Anima liberata* ed è un istruttore di livello master di arti marziali, meditazione e guarigione. Richard iniziò l'addestramento formale di arti marziali all'età di dodici anni e si trasferì in Giappone all'età di ventiquattro anni per far progredire la sua formazione con i maestri della spada, del bastone e dell'aiki-jujutsu.

Durante i quindici anni trascorsi in Giappone, Richard ha ricevuto le licenze di maestro in quattro arti samurai e in un'arte curativa tradizionale chiamata Sotai-ho. Richard è uno dei massimi esperti al mondo nelle arti marziali tradizionali giapponesi.

Attraverso i suoi libri, i suoi seminari di meditazione e di arti marziali, Richard Haight sta contribuendo a promuovere un movimento mondiale per la trasformazione personale libero da tutti i vincoli e aperto a tutti. Richard Haight ora vive e insegna nell'Oregon del sud, negli Stati Uniti.

Consapevolezza incrollabile

Consegna del diploma di Full Mastery dal maestro Shizen Osaki
Kanagawa, Giappone, luglio 2012.

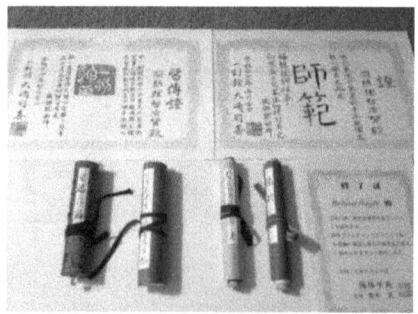

(In alto - da sinistra a destra) diploma di Full Mastery e diploma di istruttore in Daito-ryuAikijujutsu
(Pergamene della maestria - da sinistra a destra) Daito-ryuAikijujutsu, YagyuShinkage-ryuHyoho,
Shinkage-ryuJojutsu, Seigo-ryuBattojutsu, Sotai-ho (diploma di Master)

In prima fila, al centro, Shizen Osaki, Sensei
Kanagawa, Giappone, ottobre 2017

Fonti

Bratic, Ana e Nils-Gorän Larsson, "The Role of Mitochondria in Aging", *Journal of Clinical Investigation,* 123:3 (2013), 951-957.

"Hypothermia," Mayo Clinic, <https://www.mayoclinic.org/diseases-conditions/hypothermia/symptoms-causes/syc-20352682>

Pizzorno, Joseph, "Mitochondria-Fundamental to Life and Health," *Integrative Medicine,* 13:2 (2014): 8-15.

"Raynaud's Phenomenon," Johns Hopkins Medicine, <www.hopkinsmedicine.org/health/conditions-and-diseases/raynauds-phenomenon>

Spector, Dina, "The Odds of You Being Alive Are Incredibly Small," Business Insider, 11 giugno 2012, <https://www.businessinsider.com/infographic-the-odds-of-being-alive-2012-6>

"Stunning Details of Brain Connections Revealed," ScienceDaily, 17 novembre 2010, <www.sciencedaily.com/releases/2010/11/101117121803.htm>

"Vagus Nerve," Encyclopaedia Britannica, accesso 29 giugno 2020, <www.britannica.com/science/vagus-nerve>

Wigley, Fredrick M. e Nicholas A. Flavahan, "Raynaud's Phenomenon," *New England Journal of Medicine 375, 6 (10 agosto 2016): 556-565.*

Contatti

Ecco alcuni modi per entrare in contatto con gli insegnamenti di Richard Haight:

- Sito web: www.richardlhaight.com
- Notifiche di pubblicazione: www.richardlhaight.com/notifications
- YouTube: Strumenti di risveglio spirituale con Richard L Haight
- Facebook: www.facebook.com/richardlhaightauthor
- E-mail: contact@richardlhaight.com

Cartella di lavoro dettagliata

Capitolo 1 - Neuroplasticità (pag. 11)

Sono abitudinario?

    Sì   No

Che aree di abitudinarietà potrebbe elencare qualcuno che mi conosce bene?
-
-

-

-

-

Quali sono le mie convinzioni limitanti?

-

-

-

-

-

Ci sono cose che posso fare adesso che potrebbero aiutarmi a cambiare queste convinzioni?

-

-

-

-

-

Queste sono alcune aree bloccate che vorrei modificare:

-

-

-

-

-

Con il potere della neuroplasticità, gli esseri umani possono rafforzare intenzionalmente qualsiasi modello cerebrale. Quali sono alcuni modelli sani che voglio rafforzare oggi?

-

-

-

-

-

Cosa ho fatto oggi per cambiare positivamente le mie abitudini?

-

-

-

-

-

Classifica la qualità del tuo sonno nei prossimi dieci giorni cerchiando la descrizione che meglio si adatta.

1. Scarsa   Abbastanza scarsa   Buona   Più che buona   Come un bambino
2. Scarsa   Abbastanza scarsa   Buona   Più che buona   Come un bambino
3. Scarsa   Abbastanza scarsa   Buona   Più che buona   Come un bambino
4. Scarsa   Abbastanza scarsa   Buona   Più che buona   Come un bambino

5. Scarsa   Abbastanza scarsa   Buona   Più che buona   Come un bambino
6. Scarsa   Abbastanza scarsa   Buona   Più che buona   Come un bambino
7. Scarsa   Abbastanza scarsa   Buona   Più che buona   Come un bambino
8. Scarsa   Abbastanza scarsa   Buona   Più che buona   Come un bambino
9. Scarsa   Abbastanza scarsa   Buona   Più che buona   Come un bambino
10. Scarsa   Abbastanza scarsa   Buona   Più che buona   Come un bambino

Quali sono tre cose che posso fare per migliorare la qualità del mio sonno?
-
-
-

Il senso del sé cambia con il tempo. Ecco alcune cose sul mio senso del sé che sono cambiate nel corso degli anni:
-
-
-
-
-

Pianifico un anno di cambiamenti emotivi, di pensiero e di comportamento positivi. Queste sono le prime cinque cose che cambierò nell'arco di un anno:
-
-
-
-
-

Provare disagio è necessario per imparare qualsiasi cosa. In che modo mi sono messo alla prova, oggi, per uscire dalla mia zona di comfort?
-
-
-
-
-

Quali abitudini negative o inutili proteggo maggiormente, attraverso la negazione o la giustificazione?
-
-
-
-
-

Quali sono alcuni dei dialoghi mentali che utilizzo per proteggere le abitudini negative?

_____
_____
_____
_____
_____
_____
_____
_____

In termini di priorità, le abitudini negative che sono più disposto a lasciare andare sono le seguenti:

1.
2.
3.
4.
5.

Capitolo 2 - Stimolazione del nervo vagale (pag. 18)

Oggi ho praticato la stimolazione del nervo vagale?

    Sì   No

Come mi sentivo prima della stimolazione del nervo vagale?
  Ansia:
    Molto bassa   Bassa   Media   Alta   Molto alta
  Motivazione positiva:
    Molto bassa   Bassa   Media   Alta   Molto alta
  Chiarezza:
    Molto bassa   Bassa   Media   Alta   Molto alta

Come mi sono sentito dopo aver eseguito tre volte la stimolazione del nervo vagale?
  Ansia:
    Molto bassa   Bassa   Media   Alta   Molto alta
  Motivazione positiva:
    Molto bassa   Bassa   Media   Alta   Molto alta
  Chiarezza:
    Molto bassa   Bassa   Media   Alta   Molto alta

Ho notato cambiamenti nel battito cardiaco o nella pressione sanguigna dopo la respirazione vagale?
  Sì   No   Forse

Come ci si sente a fare la stimolazione del nervo vagale tre volte?
_____
_____
_____
_____

_____
_____
_____
_____
_____

Praticare quotidianamente la stimolazione del nervo vagale potrebbe essere benefico per la mia vita?

    Sì   No   Forse

Perché mi sento in questo modo?
_____
_____
_____
_____
_____
_____
_____
_____

Partendo dal Capitolo 1, come incorporerò la respirazione vagale nella mia vita quotidiana?
_____
_____
_____

_____
_____
_____
_____
_____
_____

Capitolo 3 - Altri cambiamenti fisici (pag. 22)

Dal mio punto di vista, ecco come classifico la forza dei miei vasi sanguigni:

    Molto debole   Debole   Media   Forte   Molto forte

Dal mio punto di vista, ecco come classifico la forza dei miei mitocondri:

    Molto debole   Debole   Media   Forte   Molto forte

Sento che avere vasi sanguigni più forti e mitocondri più sani mi aiuterà ad essere più costantemente consapevole?

    Sì   No   Forse

Perché mi sento in questo modo?
_____
_____
_____
_____
_____

_____
_____
_____
_____

La mia risposta proviene da una vasta esperienza TEM, da qualcosa che mi è stato insegnato altrove o da una supposizione?
- Vasta esperienza TEM
- Qualcosa che mi è stato insegnato altrove
- Solo una mia supposizione

Capitolo 4 - Suoni primari (pag. 28)

Posso capire la prospettiva degli antichi riguardo ai suoni sacri?
Sì   No   Forse

Posso sentire il passaggio dall'onda cerebrale beta all'onda cerebrale alfa mentre produco suoni primari?
Sì   No   Forse

Ho notato che i suoni secondari, a differenza di quelli primari, non possono essere mantenuti durante il respiro?
Sì   No   Forse

Mi sento più calmo e più consapevole, dopo aver cantato i suoni primari?
    Sì   No   Forse

Capitolo 5 - Dimensioni del suono (pag. 33)

Posso sentire il suono "Ah" viaggiare lungo il mio corpo?
    Sì   No   Forse

Una volta che ho sentito le dimensioni di ogni suono, usando un rigo per ciascuno, come descriverei le dimensioni di ogni suono, in base alle mie percezioni?

Ah_____
_____
Eh_____
_____
Ih_____
_____
Oh_____
_____
Uh_____
_____
Mmm_____
_____
Nnn_____
_____

Capitolo 6 - Terapia del suono (pag. 36)

Mi piace emettere i suoni primari?
Sì   No   Forse

Attualmente, sono in grado di trovare il suono e il tono che avverto come più benefici per il mio corpo?
Per niente   ho una vaga sensazione   sento chiaramente il suono benefico

Attualmente, sono in grado di trovare il suono e l'intonazione a cui il mio corpo si sente più avverso?
Per niente   ho una vaga sensazione   sento chiaramente il suono avverso

Ho terminato la pratica con il suono più benefico?
Sì   No   Forse

Capitolo 7 - Purificazione con l'acqua (pag. 41)

Se non sapessi cosa dice la scienza, potrei fare riferimento all'antica idea degli spiriti?
Sì   No   Forse

Posso capire perché gli antichi pensavano che l'immersione in acqua fredda esorcizzasse gli spiriti maligni?

    Sì   No   Forse

Quali sono alcune delle esperienze emotive nella mia vita che gli antichi descriverebbero come "spiriti"?

_____
_____
_____
_____
_____
_____
_____
_____
_____

Quali sono alcuni degli "spiriti" del mio partner, dei miei amici o dei miei familiari che vorrei potessero essere lavati via?

_____
_____
_____
_____
_____
_____
_____

Quali sono alcuni "spiriti" in me che vorrei potessero essere lavati via?

Quali emozioni negative sono disposto a lavare via?

Capitolo 8 - Affrontare l'acqua (pag. 44)

Come mi sentivo, appena prima di iniziare la doccia fredda?
_____
_____
_____
_____
_____
_____

Come mi sono sentito, subito dopo la doccia?
_____
_____
_____
_____
_____
_____

La pratica ha cambiato il mio stato emotivo e il mio livello di energia?
  Sì   No   Forse

Ho avvertito che il Respiro di fuoco mi ha aiutato a ottenere il controllo del respiro?
  Sì   No   Forse

Se il Respiro di fuoco ha aiutato, quanto tempo mi ci è voluto per stabilizzare la respirazione?

Circa ___ secondo(i)/minuto(i)

Sono riuscito a rimanere nella doccia fredda per ___ minuti.

Domani, il mio obiettivo è rimanere nella doccia fredda per ___ minuti.

Considerando la sicurezza e il miglioramento, qual è l'approccio più appropriato alle docce fredde?

Doccia fredda completa   Metodo graduale   Metodo lavandino

Il mio approccio alle docce fredde è cambiato col tempo?

Sì   No

Capitolo 9 - Allenarsi con problemi di salute (pag. 53)

Ho i sintomi della sindrome di Raynaud? Se sì, come dovrei prendermi cura di me stesso, soprattutto per quanto riguarda docce fredde e dieta?

_____
_____
_____
_____

Ho altri problemi di salute che rendono particolarmente impegnativo fare docce fredde?

_____
_____
_____
_____
_____

Cosa pensa il mio medico, se gli dico che faccio docce fredde?

_____
_____
_____
_____
_____

Capitolo 10 - Misurazione dei progressi (pag. 58)

Sono riuscito a produrre un suono "Ah" costante e chiaro mentre facevo la doccia fredda?
No   Quasi   Perfettamente

Ho provato altri suoni primari, oltre ad "Ah"? Com'è andata?

_____
_____

_____

_____

_____

Ho notato che la mia capacità di produrre suoni primari sotto la doccia è migliorata con la pratica?

Sì   No   Forse

Come è cambiata la mia capacità di rimanere consapevole sotto stress, a seguito della pratica intenzionale delle docce fredde?

_____

_____

_____

_____

_____

Capitolo 11 - Affrontare il terrore (pagina 64)

Ho fatto una doccia fredda nel momento della giornata in cui ero al massimo delle energie?

Sì   No   Forse

Qual era il mio grado di resistenza mentale e fisica a fare la doccia fredda al massimo delle energie? Quanto tempo sono rimasto sotto la doccia?

_____
_____
_____
_____
_____

Ho fatto una doccia fredda quando ero in uno stato di energia bassa?

   Sì   No   Forse

Qual era il mio livello di resistenza a fare la doccia in uno stato di energia bassa? Quanto tempo sono rimasto sotto la doccia?

_____
_____
_____
_____
_____

Qual era il mio dialogo interiore sulle docce fredde?

_____
_____
_____
_____

Credo che i pensieri e le sensazioni di resistenza siano il mio vero io o sento che sono semplicemente percorsi neurali abituali?

Sì   No   Forse

Mi sento in colpa o mi vergogno, quando riconosco quei sentimenti e quei pensieri, o posso semplicemente osservarli?
   Colpa   Vergogna   Colpa e Vergogna   Li osservo e basta

Ho notato gli stessi dialoghi interiori resistenti in altre aree della mia vita al di fuori dell'esperienza della doccia fredda?
   Sì   No   Forse

Ecco i dialoghi resistenti che ho nella vita quotidiana.
-
-
-
-
-

Quali pensieri e sentimenti sto identificando come "me" in questo momento?
-
-
-
-
-

Quando e come si presentano durante il giorno?
_____
_____
_____
_____
_____
_____
_____
_____

Ho notato una diminuzione dell'identificazione con particolari pensieri o sentimenti grazie all'allenamento sotto pressione della doccia fredda?

    Sì   No   Forse

Se hai risposto "Sì", elenca i pensieri e i sentimenti che hanno diminuito la loro presa sulla tua identità.

-
-
-
-
-

Capitolo 12 - Addestrare la mente (pag. 70)

Per addestrare la mente, utilizzo l'approccio graduale alla doccia fredda?
    Ogni volta   A volte   Mai

L'approccio graduale mi ha aiutato a prepararmi lentamente a fare una doccia fredda completa?
    Sì   No   Forse

Darmi delle scelte ha diminuito la resistenza?
    Sì   No   Forse

Capitolo 13 - Addestrare il corpo (pag. 73)

Quali strategie di evitamento ha impiegato il mio subconscio per evitare le docce fredde?
-
-
-
-
-

Qual è la percentuale delle volte che sono in grado di addestrare con successo il mio corpo a fare una doccia fredda?
Circa _____%

Quali strategie di negoziazione funzionano in modo più costante per me? Elencale in ordine di efficacia:
1.
2.
3.

Capitolo 14 - Il potere di un respiro (pag. 78)

Seguendo il principio dell'Unico respiro, cosa posso fare per agire immediatamente su un obiettivo, un'idea o un'intenzione?
_____
_____
_____
_____
_____
_____
_____
_____

Quali sono le idee di cui posso iniziare a parlare adesso, scrivendole?

_____
_____
_____
_____
_____
_____
_____
_____
_____
_____

Capitolo 15 - Meditazione TEM di base (pag. 84)

Sono consapevole di quando la mia mente è concentrata sull'esclusione?
    Sì   No   Occasionalmente   Forse

Faccio attenzione ai diversi stati d'animo durante la giornata?
    Sì   No   Occasionalmente

Mi infastidisco quando qualcosa interrompe la mia concentrazione focalizzata?
    Ogni volta   Talvolta   Raramente   Mai

Durante la Meditazione di consapevolezza visiva, ho notato la differenza tra lo stato alfa del campo visivo rilassato e lo stato beta dell'attenzione focalizzata?

Sì   No   Forse

Come mi sento prima di meditare, rispetto a durante la meditazione?
_____
_____
_____
_____
_____
_____
_____
_____
_____

Com'è stata la mia esperienza di meditazione con la doccia fredda? Quali sono state le difficoltà? Sono riuscito a rimanere in meditazione? Cosa mi è piaciuto dell'esperienza?
_____
_____
_____
_____
_____
_____
_____

Capitolo 16 - Consapevolezza sferica (pag. 93)

Come è stata la mia prima esperienza di meditazione con la consapevolezza sferica?

Sono stato in grado di fare esperienza della consapevolezza sferica sotto la doccia, durante il primo tentativo?

Sì   No   Forse

Il mio primo tentativo di consapevolezza sferica nella doccia fredda è stato così:

_____
_____
_____
_____
_____
_____
_____
_____
_____

Capitolo 17 - Addestramento fisico più profondo (pag. 100)

Cosa ho notato, facendo una doccia fredda dopo aver caricato il corpo di calore?

_____
_____
_____
_____
_____

Cosa è più impegnativo per la mia meditazione, in questo momento, docce fredde o bagni freddi?

    Docce fredde   Bagni freddi   Non lo so

Come è stata la mia prima esperienza di bagno freddo?

_____
_____
_____
_____
_____
_____
_____
_____
_____
_____
_____
_____
_____
_____
_____
_____
_____
_____
_____

Capitolo 18 - Esercizi di consapevolezza e giochi (pag. 106)

Quali esercizi e giochi ho fatto? Spuntali.

Vista a raggi X

Ruota con la vista a raggi X

Veduta topografica

Gioco dell'assassino

Nota i punti ciechi

Consapevolezza dell'entrata

Posizionamento

Uscite alternative

Quali sono i miei giochi ed esercizi preferiti? Elenca i primi tre.

1.
2.
3.

Cosa ho notato facendo a quegli specifici giochi ed esercizi?

_____
_____
_____
_____
_____
_____
_____

Sono riuscito a mantenerli leggeri e divertenti?
    Sì   No   Forse

Ci sono giochi o esercizi che non mi piacciono? Elencali.
-
-
-

Perché non mi piacciono quei giochi ed esercizi?

In quali esercizi o giochi ho bisogno di fare più pratica? Elencali.
-
-
-

Capitolo 19 - Promemoria giornalieri (pag. 118)

Sento che i promemoria orari saranno utili per me.
    Vero   Falso

Sono stato in grado di programmare con successo il mio cervello, così da ricordarmi di meditare quando noto l'ora.
    Vero   Falso

Quali altri tipi di promemoria sto usando durante la giornata?
-
-
-
-
-
-

Quale tipo di promemoria sembra funzionare meglio per me? Elencali in ordine di vantaggiosità.

1.
2.
3.

Capitolo 20 - Il cuore del caos (pag. 124)

Ho mai notato la voce dell'Ingannatore?

    Sì   No   Forse

Tendo a notare immediatamente quando la voce dell'Ingannatore si fa sentire?

    Mai   Quasi mai   Occasionalmente   Spesso   Sempre

Qual è stato uno dei dialoghi che ho intrattenuto con l'ingannatore oggi?

_____
_____
_____
_____
_____
_____

Dov'era centrato nel mio corpo?

_____
_____
_____
_____
_____
_____
_____

Oggi ho ceduto agli impulsi e alle compulsioni dell'Ingannatore? Qual era l'impulso o la costrizione a cui ho ceduto? Qual è stato il risultato?

_____
_____
_____
_____
_____
_____
_____
_____
_____
_____

Se, tramite questo addestramento, sono stato in grado di smettere di seguire l'Ingannatore, come mi sono sentito e quale è stato il risultato?

_____
_____

_____
_____
_____
_____
_____
_____

Capitolo 21 - Inclusione quotidiana (pag. 129)

Mi sono alzato subito questa mattina.
    Assolutamente d'accordo   D'accordo   Non so   In disaccordo   Assolutamente in disaccordo

Mi do una forte motivazione per alzarmi subito al risveglio.
    Assolutamente d'accordo   D'accordo   Non so   In disaccordo   Assolutamente in disaccordo

La sera prima, scrivo le mie intenzioni per il giorno successivo come forza motivante per farmi alzare dal letto la mattina.
    Vero   Falso

Appena mi alzo, pratico i suoni primari e faccio una doccia fredda.
    Vero   Falso

Ogni giorno, faccio un gioco di consapevolezza per acuire l'attenzione.
    Vero   Falso

Ho impostato dei promemoria nel mio ambiente, affinché mi aiutino a rimanere nella consapevolezza sferica per tutto il giorno.
    Vero   Falso

Prima di andare a letto, faccio un resoconto della giornata, ponendomi le seguenti domande:

-

-

-

-

-

Ho notato "l'Ingannatore" oggi? Se è così, sono riuscito a placare il mio spazio interiore e tornare alla consapevolezza?
    Sì   No   Sì e no

Ho ceduto ad abitudini inutili e comfort distraenti?
    Sì   No

Che cosa hai fatto di coinvolgente ma non significativo, sempre che tu l'abbia fatto?

_____

_____

_____
_____
_____

Ho realizzato tutte le cose che volevo fare oggi?

    Sì   No

Mi ero prefissato l'obiettivo di trascorrere un po' più di tempo nella consapevolezza rispetto a ieri?

    Sì   No

Mi sono divertito con la consapevolezza?

    Sì   No

Come ho fatto a vivere una giornata proficua?

_____
_____
_____
_____
_____
_____
_____
_____
_____
_____

_____
_____
_____
_____
_____
_____

Capitolo22- Trasformazione (pag. 136)

Quali cambiamenti positivi conseguenti alla pratica del Metodo di inclusione totale ho notato?

_____
_____
_____
_____
_____
_____
_____
_____
_____
_____
_____
_____

Consapevolezza incrollabile

Una persona media impiega circa 66 giorni per instaurare un'abitudine sana, ma per alcuni individui può essere necessario anche un anno. Questo è un ottimo sistema che può aiutarti a intraprendere una sana pratica TEM e mantenere un programma di attività che controllerai alla fine di ogni giornata. Seguire questo programma ogni giorno ti aiuterà moltissimo.

Scarica il programma stampabile.
www.richardlhaight.com/uaworkbook

Corso quotidiano di meditazione con Richard L. Haight (al momento disponibile in inglese)

Se desideri più istruzioni pratiche sui suoi metodi e insegnamenti di meditazione, puoi ottenere una prova di 30 giorni del servizio di meditazione guidata quotidiano TEM con Richard L. Haight. Migliaia di persone la fanno ogni giorno!

Visita: www.richardlhaight.com/services

www.ingramcontent.com/pod-product-compliance
Lightning Source LLC
Chambersburg PA
CBHW070145100426
42743CB00013B/2822